宗教以前

高取正男　橋本峰雄

筑摩書房

目次

宗教以前

一、本書は一九六八年七月一日に、日本放送出版協会より刊行された。今回「ちくま学芸文庫」として刊行するに際し、明らかな誤植、誤記以外は、底本の通りとした。したがって、本文中の肩書や記述は、刊行当時のものであり、引用文献についても、当時の書名、論文名のままとした。

二、柳田国男の著作からの引用は、『定本柳田国男全集』（筑摩書房）によった。ただし漢字は新字にあらためた。

三、編集部による註は、〔　〕で囲った。

まえがき

宗教は体験であって、たんに倫理からの要請ではない。信仰は主観的な信念にすぎぬものではなく、客観的実在つまり絶対者とか超越者とかからの呼びかけによって成立する。しかし、たとえそのようなこの世の外の神や仏の声に答えるという形の信仰ではなくても、この世界と人生をひとまとめにして、それに決定的全体的な態度をとらねばならぬとき、やはり人はある宗教的信仰の体験を持つのであろう。宗教はつねに人間存在の本質的なモメントである。

いよいよ無宗教的になったように見える現代日本においても、さまざまな天災や人災にさいして、そのニュースの報道者たちはすべて異口同音に「ただ犠牲者の冥福を祈るのみ」といっているのである。冥福とか祈るとかいうのは、たとえその場かぎりの社会的儀礼にすぎないにもせよ、ひとつの宗教的な態度の表明であるにはちがいない。その背景に私たちの遠い過去からの宗教的伝統と民俗があるからである。

仏教の施餓鬼《せがき》のための盂蘭盆会《うらぼんえ》は、この国の先祖たちの暮らしの中で、

爺《じい》な、婆《ばあ》な、
この火のあかりで
来とーんね、
来とんね。
（秋田県象潟町）

というような各地の魂《たま》迎えの祭りに変わった。そして今日、お盆は阿波踊りや京都の大文字の送り火のような観光的なショウに変わってゆきつつあるように見える。日本人は一体どのような宗教的民俗の中に生き死にを重ねてきて、それは今日どのように変わってゆかねばならないのか。いわゆる前近代と近代ないし現代とでそれにどのような持続と断絶とがあるのだろうか。

本書はこの問いに答えようと願ったのである。NHK教育テレビ、日曜の朝六時からの一時間に「宗教の時間」の番組がある。昨年五月から今年の三月までに七回にわたって、私たちはこの番組で「民俗から見た日本人の宗教意識」を考えた。それを企画したのは京都のNHKプロデューサー阿満利麿氏である。私たちふたりはその番組までは面識がなかったが、橋本は哲学と宗教、高取は民俗学と日本史、このふたりを出会わせて問題を考えさせようという発想とプランは阿満氏のものである。このゆたかな学識とするどい問題意識をもつプロデューサーの牽引がなかったら、したがってまた本書も成立していない。

私たちはあくまでも問題提起、その分析と診断を志向したのであって、解答と処方を与えようとしたのではない。ふたりの考えかたにも食違いがあり、議論はゆれて必ずしも首尾整うたものになってはいない。しかしそれでかえって問題そのものは鮮明になっている。

番組の最終回のまとめにゲストとしておつきあいいただいた作田啓一氏、また種々お世話をねがった日本放送出版協会の田口汎・大矢鞆音の両氏に、心からお礼を申したい。

著者

一九六八年六月一日

序　章――伝統の心情――

前近代と近代

猪狩りと暦

昭和三四年の夏、奈良県吉野郡十津川村へ行ったときの話である。ここは奈良県の南、熊野川上流の十津川渓谷の村であるが、若いときに狩猟がすきだったという老人に、いろいろと経験談を聞いた。この老人は町の人間からみるとけたはずれに動物の習性にくわしく、この動物はこういう条件ではこのような反応をするというふうに、まるで動物生態学の講義のような内容で猟の作法を語ってくれた。猪狩りのときにも、狩場の条件と相手の習性を考えて追いつめ、しばしばマチウチといって猪の走るのを先まわりし、足場のよいところで待ちかまえてしとめるというのである。

こうした話を聞いているうちに、あまりに豊富な経験にもとづく整然としたものであるため、つい意地悪な質問がしたくなり、マチウチして成功すればよいが、もし弾丸がそれて逃がしたときはどうするのか尋ねてみた。すると即座に、そのときは暦をみる、という答えが返えってきた。猪は暦でふさがっている方角へ逃げるから、そちらへ先まわりしてもう一度マチウチしたらよいというのである。

暦でヒフサガリ（日塞り）というのは、陰陽道の天一神のいる方角で、子・辰・申の日は北、丑・巳・酉の日は西、寅・午・戌の日は南、卯・未・亥の日は東であり、たとえばその日が子の日であればかならず北へ逃げるから、その方角で猪の走りそうなところへ先まわりするわけである。

話が思いがけない方向に展開しはじめたので、思わず老人の顔をみた。けれども、老人はいっこうに頓着なく、これこそ猟の秘伝であるといわんばかりに、暦がいかに有用なものであるかを力説した。このことは、われわれが祖先の生活と信仰を考えようとするとき、大切なてがかりになるのではなかろうか。もしもわれわれがおなじ状態になったら、マチウチして弾丸がそれたら、それですべては終わりである。猪がどちらへ逃げるかはそのときの偶然であり、こちらの知ったことではない。あきらめて帰るか、別の目標を追うかのいずれかであろう。ところが、老人はそのとき暦をみて、あくまで逃げたその猪を追うというのである。

考えてみれば、今日のわれわれはことが予想を超えてしまったとき、あきらめて帰っても別にどうということはない。残念さがのこるだけである。だが、その猪を捕えて帰らなければその日の糧がないというような厳しい条件が生活のすべてを支配し、それが習い性となっていれば、事情はまったく異なってくる。猪の習性に関する経験的知識も、暦の知識も、ともに依拠すべき大切な知識として、両者がたがいに等質の知識になるのも不思議ではなさそうである。

この老人の話のなかに、かつて人の思考が、経験しうる世界と経験を超えた世界とを自由に往復し、科学と宗教とがおなじ次元でならんでいた時代の生活態度が、濃厚に残っているといえよう。昔の人はけっして頭から非科学的であり、迷信的なのではなかった。つねに経験的知識をたくわえ、それを整理して行動した。ただそれを自覚できるほど豊かでなかったため、かえってその限界が意識されなかったともいえるだろう。しかもまた、このように考えてみても、マチウチに失敗したときは、それまで豊富な経験を駆使して追いつめてきたその論理をあっさり捨て去り、暦をみてでも逃げたその猪を追いかけるといったときの老人の気魄は、やはり記憶に重く残っている。このことは、昔と今、前近代と近代とは明らかに質を異にしていながらも、一方では、そこに生きる人間はひとしく人間として、たがいに通じあうもののあることを物語っているように思われる。

妖怪変化譚

明治のなかごろまでは、村はもちろんのこと、町でも人っ気のない野原は多く残っていた。そういうところには狐や狸が出没し、第二次大戦前までは都会でも若いとき狐や狸に化かされた経験をもつ老人はたくさんあった。

幽霊は人につき、化け物は場所につくものといわれる。幽霊は「四谷怪談」のお岩さんに典型的にみられるように怨霊《おんりょう》であり、怨みを残して死んだものの霊魂が怨みの当の相手にとりつき、相手がどこに住もうともそのあとを追いかける。これに対して化け物は特定の個人にとりつくものでないかわり、それの出る場所は一定している。夕暮れの村はずれの一本松の下というふうに、一定の条件のもとに一定の場所を通りかかるものは、一種の自己暗示のようにして異常な心理状態になり、自ら化かされたと信じ、その話を聞くものも、そういう条件と場所ならじゅうぶんにありうるとして、一種の災難として納得した。もちろん、実際に化かされたものの多くは暗示にかかりやすく、異常心理になりやすい素質のものであったろうが、そうした現象の起こるのは化かされた当事者個人の問題だけでなく、その背後には当事者の所属する社会全体が、そのような場所には怪異の生じやすいことを承認し、さらにはそれを期待する信仰とよべるような風潮が、一般に存在したからである。

したがって、おなじく怪異を信ずるものでありながら、幽霊の場合は怨恨といった個人的契機により多くもとづき、歴史的には後次の産物とみることができる。これに対して化け物は、原始古代に野山に充満し跳梁していた諸精霊や、山の神・野の神・水の神に対する信仰と、野生の動物にまで霊威を感得する信仰が本来の姿を失いながら残留し、かつて精霊の住む聖なる場所として畏敬されていたところが、怪異の生じる場所になってとどまったものといえる。しかも、実際に村落に伝えられている化け物の話をみると、それが単に原始古代人の信仰の残留物であるだけでなく、明治になって新しくいいだされたものの多いのに気がつく。

たとえば狸が大入道だけでなく、電信柱に化けて人をおどろかしたという話はよく聞く。また狐が夜行列車に化け、通るはずのない深夜に汽車の音がして灯がみえたとか、電報配達に化けて戸口をたたいたというのもあるし、夜中に小学校で授業をする物音をさせて人をたぶらかしたという類も多い。電信も、汽車も、小学校も、いずれも明治の文明開化のシンボルとよべるものである。ほかならぬ開化のシンボルに狐や狸が関係するのは、まことに矛盾した現象というほかない。しかし考えてみれば、これらの開化の波は村人の意志とは無関係に村の外から押しよせたものであったから、昔ながらの素朴な生活をつづけていた村人にとって、電報といえば肉親の訃報、夜行列車といえば遠くの肉親の臨終にまにあうための急ぎの旅といった、まさしく非日常的な、異常なことだけに結びつくものであったろう。大きな建物といえばせいぜい寺の本堂しかなかったところに、それとは種を異にする洋風の建物として学校の校舎が出現し、洋服を着た先生が学問を教えるというのも、村人にとっては驚異と畏敬以外のなにものでもなかったろう。これらをめぐって種々の幻覚や幻聴が発生し、それに狐や狸の話が結びついたのも同情できるような気がするし、日本の近代の出発点である明治という時代の、一つの断面をみる思いがする。

明治という時代

村の「三四郎」

明治といっても、もちろん一つのものとしてみることはできない。夏目漱石の小説『三四郎』のなかに、主人公の三四郎が明治二二年の憲法発布の祝賀行事を知らない、そのころに生まれたといって、若僧あつかいされている個所がある。明治という時代を代表的に生きた人として、おそらく漱石は深く考えるところがあり、それを象徴的にのべたものであろうが、もし三四郎が実在の人物でその後も息災であれば、いまは八〇歳前後の老人になっているはずである。そして『三四郎』にえがかれているのは、都市のインテリの世界であるが、実際に村を歩いて故老に昔の話を聞いても、八〇歳前後の老人と、九〇歳前後の老人とは、その話の内容に大きな差異のあることに気がつく。

九〇歳前後の老人ならば、近代に入って最初の大きな対外戦争であった明治二七、八年の日清戦争について、それなりに直接の記憶をもっているし、明治三〇年ごろには成年に達していて、通常は青年団に改編される以前の村の若者組や娘組の最後の経験者である。この人たちの若いころには、古い村の共同生活はまだ生きており、その秩序や規範は身体に刻みつけて記憶されている。これに対して三四郎と同年齢の八〇歳前後の老人になると、この人たちは日清戦争のころはまだ子どもであり、直接の記憶はほとんどない。通常の村ならば、若者組や娘組の話も先輩から聞いた話となり、直接の経験談から知られる村落共同体の秩序は、しだいに形骸化した慣習に転化したものという色彩が濃くなる。都会のインテリばかりか、村のなかにも三四郎はいたといえるようである。

日本民俗学の育ての親である柳田国男氏は、その厖大な著作のなかで、荷馬車道と鉄道の普及が村落生活にあたえた影響の大きさを折にふれて指摘し、このことの重要さを力説されている。氏は明治八年の生まれで、三四郎より一〇歳以上も年長であるから、この指摘は実際にその目でみられた体験にもとづくものであろう。車は坂道に弱い。明治になって荷車や馬車・牛車を通すためになされた道路の改修は、なるべく急な山坂や峠道をさけて迂回し、町と町とを直結しようとするものであったし、鉄道の敷設も基本的にはおなじ趣旨でなされた。そのため人も物資も村を素通りして町から町へと運ばれ、村としては必需品を手に入れるためにそれまで以上に町に結びつけられ、町の経済に従属することになった。もちろんこうした町と村の関係は、明治以前にもなかったのではない。大名の城下町を中心とする領国経済の確立こそ、近世幕藩体制成立の根底をなすものであった。けれども、物資の大部分が人の背や牛馬の背で運ばれていたかぎりは、峠道の勾配はあまり顧慮されることなく、むしろ目的地までの最短コースが選ばれた。そして人と物資は村を素通りすることなく、逆に村から村へと村の人の手を借りて順送りされ、その間に村として も必需品を手に入れ、新しい外界の話題を聞く機会をもったから、村の生活はそれだけ町に従属する度も少なくてすみ、みずから独立の世界を維持する余地が大きかった。

断絶と連続

かつて繁栄した峠道が、明治中期以降の荷馬車道の開設と、それにつづく鉄道の敷設によって衰滅した例は、想像以上に多かったといわれる。このことは沿道村落の自立性の衰退を意味しており、明治二〇年代に進行した産業革命の村落への浸透と、それにもとづく前代以来の村落共同体の解体とは、具体的にはこのような経過をたどって進行したのであった。村のなかの三四郎は、あたかも以上の過程の顕在化した後、明治三七、八年の日露戦争から明治の末年にかけて成年に達した人たちであるから、この人たちの体験談がそれ以前の人と大きく違っているのも当然といえるだろう。

明治三〇年ごろを境としてなされた村落生活の変貌は、まことに大きなものがあった。それはまた、都市生活の底辺部にも通じるものがあったが、しかし、それにもかかわらず、その後の歴史はけっして平坦なものではなかった。今日、八〇歳前後の老人も、九〇歳前後の老人も、ともに明治に生まれ、明治に育った老人として自他ともに意識し、それより年下の明治に生まれただけの人までが「明治人間」の仲間入りをして、明治三〇年ごろを境とする断層が、意識のうえでは忘れられようとしている。このことは、老人はいつの時代でも老人であり、若いものはいつの時代でも若いものであるということからくるともいえるが、ことはけっしてそれだけではないようである。

たとえば宮本常一氏は、新潟県東頸城《くびき》郡の記録では、明治の初年まで農家の六割までが土間住居で床がなく、土間にワラやムシロを敷いて起居していたのが、大正にはその数は一割となり、昭和の初年に姿を消したといわれている（岩波講座『日本歴史』別巻2）。このことは大多数の地域に通じる現象であるが、明治になってからの生産力の上昇は、農村でもいちじるしいものがあった。それはいわゆる寄生地主制の展開とよばれる複雑な問題と深くからみあっていたが、ともかく、このことが個々の農民家族の自立性をたかめ、古い村落の共同生活を内側から破ってゆく基本的動因であったのはいうまでもない。ところが、われわれの父祖は、生計に少しでもゆとりができると、家の改造に着手したのは当然として、そのとき猫も杓子もまるで申し合わせたように座敷を建ててきた。

住居様式の変遷は、村の共同生活が解体した後の家族の問題、とくに後でのべる祖先崇拝の問題と深いかかわりをもつが、座敷構えとよばれる住居様式は、いうまでもなく武士階級の住居である武家造りを中心に成立し、発展したものであったから、座敷を構えるということは、座敷に附随した武士たちの身分と格式にとらわれた居住様式や礼儀作法をしらずしらずのうちに継受することを意味した。座敷での堅苦しい儀式ばった行儀作法をしていれば上品な社交になるかのような錯覚、座敷がないと表立った交際ごとができないという圧迫感がこういう風潮を生んだと考えられるが、その結果は農家のイロリ端でなされてきた主客の親しい応対、軽快な交際を近代市民の人間的な社交に発達させる道をみずから封じてしまったし、座敷を構えるにはそれにふさわしい調度品まで含めて大金を投じなければならず、それが居間や台所の合理的な改善をいつもあとまわしにしてきた。

民俗の反省

単一民族国家の功罪

われわれの祖先は大陸から離れた列島に住んできたという地理的条件のもと、異民族・異種族の渡来はつねに漸次的であり、大陸諸民族のように大規模な民族移動や、征服・被征服の経験に乏しく、それによる社会文化の激変ということがなかった。とくに明治以後の近代国民国家の形成は、北海道のアイヌ人の問題はあるけれども、一応はこの列島に成立してきた単一の民族社会のうえになされた。このことは、歴史の展開過程で諸階級の対立が民族や人種の対立として現われることがなく、それだけ無用の血を流す度が少なくてすんだということになる。だがその反面、現実の認識において、いつも過去との断絶を意識する機会に乏しく、とくに近代になってからは、国民国家とその文化の基礎にある民族の伝統を、正しく評価しにくい環境がつくりだされているのではなかろうか。

世界的にみればむしろ多民族国家の生活が通例であり、そこでは日常私的に使われることばと、公的な席で用いられることばとがまったく異なっている場合もめずらしくない。このような環境であれば、近代の国民生活の必要から使われはじめ、発展してきた公用語と、個々の家庭や国内の一地方で伝統的に使われることばとの差違はだれの目にも明らかであり、それぞれのことばの歴史的地位と、社会的機能は実態に即して正しく認識される。ところが日本では、国民の公用語を標準語とよぶのに対して、個人が日常の私生活に使う伝統的なことばを方言とよび、中央に対する地方、都市に対するいなかのことばとして後者を不当に蔑視するふうさえある。このことは、単一民族国家であるため、民族の伝統的な生活文化が近代の国民生活のそれと同次元で重なりあい、両者の異質性と社会的機能が、正しく認識されにくいために生じた誤りといえるだろう。

また、おなじ理由から、逆に伝統的なものを高く評価するあまり、それがそのまま国民の文化として通用するかのように錯覚している場合も少なくない。明治になってから、われわれの父祖が生活にゆとりができると争って座敷を建て、武士たちの居住様式と礼儀作法をそのまま継受したということも、伝統的なものに依拠していれば間違いはないという安易な心情に発するものといえるだろう。日本の近代における封建遺制とよばれるもののなかには、日本が単一民族国家であることから起因しているものも少なくないと思われる。われわれがもっとも注意しなければならないのは、民族の伝統的な生活文化と国民生活のそれとの識別であり、同時に、現在の国民生活における常識でもって過去の事象を解釈しようとする安易な態度である。方言とよばれるものが地方や地域ごとに相対的に独自な姿をしているように、民族の生活文化は国民のそれのような強い求心的傾向も均一性ももたず、地域や集団ごとに独自性をもちながら、まさしく民族としての統一を保っていた。われわれが問題にしようとする伝統的な宗教心情もそのなかの一つであり、それはかつては現代の常識によって簡単に類推してはならない独自性をもって存在したと同時に、標準語に対する方言のように、現在のわれわれの精神生活の底辺に継承され、潜在しているものである。

「常民」の信仰

フォークダンス（folk-dance）とかフォークソング（folk-song）というとなにかハイカラなものを感じるが、翻訳したら民俗舞踊、民俗歌謡（民謡）であり、日本でいえば各地に伝えられている盆踊りとか、田植歌の類がそれにあたる。紋付羽織袴は日本の民俗衣裳であり、フォークのドレスであるが、こうして英語の folk、ドイツ語で Volk ということばが冠せられ、民俗的とよばれるものは、近代の国民文化の前提をなし、その基底に伝承されている民族の伝統的な習俗であり、文化であるから、世界的にみればその範囲はかならずしも国家のそれと一致しない。一つの国民文化がいくつかの民俗文化を包摂し、異なった国家のあいだに同系統の民俗文化が存在することもありうる。したがって folk とか Volk ということばには人びととか大衆という意味もあり、民衆とか庶民、国民などと訳される場合があるけれども、厳密にはこうした訳語は正確ではない。とくに国民とか人民ということばは国家の支配体制や経済組織と不可分の関係にあり、民族的伝統を担う人の範囲と一致しない場合があるからである。

民間に伝承されている習俗・文化のなかに民族的資質の歴史的由来を明らかにしようとする民俗学にあって、民族的伝統を担う人という意味で常民ということばがつくられ、folk ということばの訳語とされてきたのは、以上のような国家、とくに近代国民国家と民族の関係に根ざしているといえるだろう。そして、こうしたことばを新しくつくらねばならなかったのは、それにふさわしいことばがなかったからであり、このことは日本民族の歴史の独自な姿に起因している。一般に原始社会における文化的適応の単位体は種族であった。それは同質的な文化をもって同一の言語を話し、共同の祖先からの出自を信ずる集団で、通婚も文化の伝承も本来はこの集団でなされたが、国家の形成が種族相互の統合、征服・被征服の関係を生み、それを通じて民族社会が成立したとされる。おそらく日本でも、有史以前にこうした過程を経たものであろう。だがそれ以後、先にのべたように大規模な民族移動の経験をもたず、中世の動乱期にも中央にはそれなりに統一政権は存在し、民族社会の範囲は国家社会の範囲と重なりあい、両者は不即不離の関係を保持したまま、近代の国民国家が形成された。国家と民族とは次元を異にするという意識の成立する余地はなく、純粋に民族的伝統を担う人という意味のことばがないのも当然といえるだろう。

こうしてみると、現代のわれわれもまた民族の伝統に対して曖昧な態度をとり、歴史の連続と断絶について正しく対処できないおそれは多分にあるし、ことは明治という時代だけの問題ではないといえるが、民族的資質とよびうるものは、どのような支配者でも、天才・英雄でも、日本人であるかぎりすべてに妥当するものである。けれども、彼らはその地位が特殊であるだけに特殊なありかたを示すのに対し、あらゆる時代社会の基層を分厚く築いてきた無数の無名大衆の平凡な日常生活、民俗とよばれるもののなかにもっとも明確に示されている。したがって民族の伝統を担う人としての常民は、事実のうえでは民俗を保持する一般庶民によって代表されており、日本人の宗教生活、伝統的な宗教心情について考えようとするときも、こうした意味での「常民」の信仰に焦点を合わせて問題のいとぐちを探らなければならないといえよう。

この本のねらい

本書は、以上略説したような意味における日本の民俗——常民の生活文化を通して、日本人の伝統的な宗教意識のありかたの諸相をさぐり、あわせてそれの今日的な意義を考えようとする一つの試みである。タイトルを「宗教以前」としたが、この「以前」にはいくつかの意味をおわせている。まず、基本的に、国民文化「以前」の民族文化のなかの宗教意識を問題にする、という意味での「以前」である。したがって、原則的に、地方の民間信仰、常民の宗教民俗の分析から出発するのであって、中央の支配層インテリの文字に書かれた宗教意識からではない、という意味での「以前」である。前者のほうから後者のほうへ関係をつけようとしている。また、「宗教以前」というのは、いわゆる創唱宗教、仏教やキリスト教などのような教祖と教団とをもつ後次の、ないしは高次の宗教「以前」の宗教、近代的個人以前の共同体の宗教を問題にするという意味でもある。わが国では当然いわゆる原始神道、そしてそれと分かちがたく習合し融合した仏教が注目されることになる。さらに、「宗教以前」は、いわゆる近代の宗教「以前」、前近代の宗教を意味していることでもなければならない。近代は、一方では国家主義の時代であり、他方では科学主義の時代である。近代の大きな特徴にこの二つの点を考えるとすれば、「宗教以前」は、宗教と国家、宗教と科学、という思想史の伝統的な問題領域のなかに日本の民族宗教をすえてみる作業をも要求することになるはずである。

本書の叙述のしかたをとりまとめて書いておきたい。最初の章、「忌みの思想」は、日本の伝統的な宗教「倫理」（エートス）一般を全体的に問題とする。次の「仏神の加護」と「神の啓示」は、仏や神と人間との関係、宗教と政治とのかかわりかた、このような意味での一種の「神義論」を考える。これら三章がいわば大きく神仏自体のありかたをたずねるのに対して、その次の「産土神《うぶすながみ》の伝統」は、神を祭る共同体の構造を問うている。また、「家と祖先」では、神や仏を祀る社会的単位として、「産土神の伝統」における共同体のあとをうけて家族が注目され、「死生観」の章では、さらに個人の宗教意識に焦点がしぼられる。さて終章「国家・科学・宗教」は、全体のまとめとして、宗教と国家および科学との関係を考える。日本の伝統的な宗教と国家のかかわりかたを一般的な問題として反省し、また近代以後の人間の運命といえる科学的世界像と日本宗教とをできるだけ対決させて、日本の民俗信仰、伝統的宗教のなかで、近代さらに現代をこえて存続しうるもの、あるいは存続する意義のあるものがあるとすれば、それはどのような宗教ないしその民俗であるかを考える。この問題をアイマイにして安易な生命主義に回帰することは、主観的安堵はえられても、なんら現代の問題の全体的な解答にはならないだろうからである。

歴史の叙述としては、とくに「忌みの思想」、「仏神の加護」で古代から中世への、「神の啓示」、「産土神の伝統」で中世から近世への移行が考察され、それぞれの章に近代と現代とがつながれるという書きかたがされている。四章まで読めば、宗教民俗から見た近代以前の日本の歴史の全体的な見通しがほぼ得られるはずである。

ある悲しい話

数年前、京都のある婦人からこんな悲しい話を聞いたことがある。彼女の夫は主計将校として応召し沖縄で戦死した。その部隊の将校は五人、そのうちただ一人だけが戦線から逃亡して負傷し、米軍の捕虜となって生還することができた。彼女の夫を含む他の四人の自決玉砕は、この人の状況報告によってのみ公式に確認されたのであった。敗戦直後の彼女の夫の葬儀には、彼は松葉杖姿で、彼女と当時まだ三つの遺児とをはげます弔辞を読み、彼女を泣かせ、人びとを泣かせた。彼女にとって彼はじつに重い意味をもつ人であったのである。

そして二〇年。沖縄に戦死者の慰霊碑を建てる運動が京都でもあり、その石を沖縄現地へ運びだすための除幕式に彼女も遺族として招かれたが、その式を司会していたのはほかならぬ彼ではないか。なつかしさのあまり、彼女は彼に名乗って挨拶をした。しかし、悲しいかな、彼は二〇年まえのことはすっかり忘れてしまっていた。あるいは、忘れてしまっていなければならぬ都合のわるい理由があったのでもあろう。夫のただ一人の生き残りの戦友に、今は大学生になった一人息子の成人ぶりも聞いてもらおうという彼女の希望は無慚に裏切られた。彼は彼女に向かって、ただ、同様な運動をしていたある映画俳優を口ぎたなくののしるだけであったという。彼は「政治家」になっていたのである。「政治がはいると人間はダメになる」と彼女はなげいた。日本の古い宗教をしらべ、それを現代にまで結ぼうとするとき、この悲しい話を思わずにはいられないのである。本書は、このような心情で書かれた、伝統の探求である。

忌みの思想

死穢の意識

祖父の墓を知らない話

昔の人ほど先祖の墓を大切にしただろうという現代人の予想に反して、平安時代の貴族たちは、親の墓はどうやら知っていても、それ以前の先祖の墓になると、その場所さえよく知らないというのが常態であったらしい。

たとえば、承平六（九三六）年に太政大臣に就任した藤原忠平は、ただちに報告のため醍醐先帝の後山科陵と、父の関白基経の墓に詣《まい》った。そして、得意の絶頂にあった彼は、邸に帰ってから息子の師輔《もろすけ》に向かっていろいろ懐旧談にふけったことが、師輔の日記の『九暦』にみえるが、そのときの忠平のことばのなかに、義理の祖父にあたる良房や、高祖父の内麿の墓も父の墓のあたりにあるらしいが、たしかなことは知らないといっている。

良房というと清和天皇のとき臣下にしてはじめて摂政になった人物で、忠平の父基経の叔父であるが、基経は良房の養子になっているから、忠平の義理の祖父になる。また、内麿は嵯峨天皇に仕えて藤原氏北家興隆の基をひらいた冬嗣の父で、良房は冬嗣の子であり、いずれも藤原氏の歴史のなかで重要な人物である。生活に追われて先祖のことまで考える暇のない庶民ならいざしらず、貴族中の貴族である藤原氏北家の当主とあろうものが、このように大切な先祖、それも遠い先祖でなくて祖父の墓さえよく知らないというのは不思議である。しかも彼ら平安貴族が七世紀の大化改新直前のころまで壮大な古墳を築造した、大和朝廷の貴族たち直系の子孫であることを考えると、なおさら不可解である。

しかし平安時代の貴族たちの葬儀の様子をみると、多くは火葬で、火葬場まではおおぜいの親類縁者が参集して哀悼の意を表する。だが茶毘《だび》にかかるころには大部分のものはさっさと鴨川などで祓《はら》いをすませて家に帰り、あとは故人の乳母の子といった縁者ではあるが、身分的に下のものが遺骨を拾って壺に納め、それを首にかけて持ち、わずかの僧侶が随行して墓所に納める。その墓所も石の卒塔婆《そとば》を建て、周囲に忌垣とよぶ木柵をするだけの簡素なもので、今日でいう喪主にあたるような肉親のものは、かえってこの骨納めなどに参加しないのが通例であったらしい。

だから、こうした葬儀のやりかたからみると、忠平のように父親の墓はどうやら知っていても、それ以前の祖先の墓はいっこうに知らないというのも、特別の例ではなかったことがわかる。墓にはめったに行かないのが、平安貴族の常態であったらしい。しかもこのことは、彼らが祖先を大切にしなかったというのではない。記録によれば、彼らは近親者の忌日には仏事法会をなし、故人の冥福のための造寺造塔もさかんで、伝来の氏《うじ》の神祭も厳重に営まれた。それなのに墓へはめったに詣らなかったというのは、彼らはいわゆる死の穢《けが》れを忌んで近寄るのをはばかったとみる以外にないと思われる。

死穢過敏症

「記紀神話」には、イザナミノミコトが火の神カグツチを産んだときの火傷がもとで死んだとき、イザナギノミコトが黄泉《よみ》の国まで追って行ってそっとのぞいたら、イザナミノミコトの身体に膿が湧き、蛆がたかっていたので驚いて逃げ帰り、日向《ひゅうが》の橘の小門《おど》で禊《みそ》ぎをした話があるが、死を穢れとして忌み避ける意識は、いまも濃厚に伝えられている。

たとえば家内に不幸があると、忌みがかかっているといって公的な席に出るのを遠慮したり、身が穢れているから神社の鳥居をくぐらないとか、万事に謹慎するものという。とくに漁村や山村では、四九日の忌明けまでに海や山に行くと不祥事が起こるといって、禁忌《タブー》はきびしく守られている。また自分の家だけでなく、他家の葬式に参列したものも帰途には神社の前を通るのを遠慮して大まわりしたり、家に入る前に塩で身を浄めて家内に忌みのかからないようにするし、とくに死によって火が穢れるということはよく聞かれる。これは忌みのかかっていることを「火が悪い」などと表現することで示され、忌みを解除するため「火替え」とよんでイロリやカマドの灰を取替えて塩で浄め、あらためて火をつけなおす風習もある。また「合火《あいび》を食べた」などといって、不幸のあった家でそれと知らずに食事をしても、穢れた火で調理したものを食べれば忌みはかかるという。

こうしてみると、日本人は昔から死を穢れとして忌む感覚がつよく、太古から現在までそうした感覚と、それにもとづく各種の禁忌とを一貫してもち伝えたといわれるのも、一応もっとものように思われる。しかし実際に近い時代まで民間に行なわれてきた習俗をみると、この説はかならずしも額面どおりにうけとれない点のあるのに気づく。たとえばタマヨバイとよんで、病人が息をひきとると家人のだれかが屋根の棟にのぼり、瓦をなん枚か剝いてさけんだり、山や海、または井戸に向かってよぶ風習は、死者を蘇生させようとする人情の自然な発露としても、兵庫県の北部から鳥取県にかけての山間部などでは、以前は夫が死ねば妻が、妻が死ぬと夫が、親が死ねばその子が一晩遺体と一つふとんで寝る風習があったというし、伊豆の八丈島では親が死んで葬式を出したあと、長男が親の寝ていたふとんに一晩寝る習わしもあった。死者と親しい間柄のものは、むしろ進んで死の穢れに服そうとする風習さえあったのである。

三世紀の日本の状態を伝えている『魏志倭人伝』に、倭人（日本人）は人が死ぬと一〇日あまり遺体を安置し、肉食をつつしんで喪主はその前で哭き、他のものは集まって歌舞飲食する。そして葬送がすむと全員が禊ぎをして穢れを祓うとある。これは「記紀神話」

にアメノワカヒコが死んだとき、遺族が遺体を喪屋《もや》に安置し、八日八夜の遊びをしたという話と対応しているが、人間に死がさけられない以上、遺体の処置はだれかがしなければならない。貴族なら他のものにさせられるが、庶民ではそんな余裕はないし、死者と親しい間柄のものはむしろ進んで死穢にふれようとしたというほうが、自然なありかたといえるだろう。

先に紹介した藤原忠平の墓参は彼の太政大臣就任のときであったが、『栄華物語』には長徳二（九九六）年、叔父の藤原道長のために大宰権帥《だざいごんのそつ》に左遷されることになった伊周《これちか》が、夜ひそかに邸をでて宇治の木幡へ行き、月明をたよりにようやくの思いで前年に死んだ父道隆の新しい墓標を探しあて、恨みをのべる話が伝えられる。こうして得意の絶頂とか失意のどん底のような異常なときしか墓参をせず、骨納めも乳母の子などにさせた平安時代の貴族たちは、死穢に対する特別の過敏症であったのではなかろうか。

神道の教説の背後に

平安遷都の前々年の延暦一一（七九二）年に、山城国紀伊郡深草山の西斜面は京城に近いとの理由で、人の遺骸を葬ってはならないという禁令がでている（『類聚国史』）。このときの京城は長岡京であるから、その遺跡のある京都府乙訓《おとくに》郡向日町《むこうまち》の台地からみると、深草（京都市伏見区）は真東にあたり、直線で七キロほど離れている。

第二次大戦中に干拓された巨椋《おぐら》池は、河川の沖積の未熟な時代には大きな水域を占めていたから、この禁令のでた時代には京都盆地西南隅の台地にあった長岡京からみると、深草山は旧巨掠池の対岸となり、湖水をへだてて朝日の昇る大切なめじるしの山であったかもしれない。しかしそれにしても、七キロも離れた場所を葬地にするのを禁じたのは、異常な神経といえるだろう。

また平安遷都直後の延暦一六（七九七）年には、新たに都城の周辺域となった山城国愛宕《おたぎ》・葛野《かどの》両郡の農民たちが、それぞれ家居の近くに死者を葬っているのを禁じ、今後の違犯者は畿外に追放、移住させると命じている（『日本紀略』）。貴族たちは新しい都城を営むにあたり、その名のとおり千年の平安を保つよう、細心の注意をもって穢れを祓おうとしたのである。しかしこうした禁令のでることは、死穢に対する感覚が農民と貴族とでは大きく違っていたことを示すのではなかろうか。おそらく貴族たちは、それまで都から遠く離れたいなかであった地域の農民たちの、心ない風習を匡正《きようせい》しようとしたのであろう。だがそれほど死穢に敏感でなかった農民にとっては、まことに迷惑な禁令であったにちがいない。

それではどうしてこのような差ができたかというと、先に平安時代の貴族たちは古墳を営造した大和朝廷の貴族たち直系の子孫なのに、先祖の墓を知らないのは不可解だと記したが、古墳の営造のやむのと並行して、古代統一国家完成の事業が軌道にのりはじめた。

そして八世紀初頭までにいわゆる律令国家の体制が実現したから、その過程で貴族たちはみずから政治支配者であることの自覚をいっそう深めたであろう。しかもそうした政治路線は、大和朝廷時代の祭政一致とよばれる神権政治の延長線上になされたから、貴族のあいだに温存されていた政治を祭事《まつりごと》とする伝来の意識に、法式整備された新しい廟堂に立つとの自覚が加わり、彼らの日々の行為は神と神の子である天皇に対して重大な責任をもつゆえに、あらゆる穢れを避けねばならないとして、いっそう厳しい禁忌をみずからに課することになったと考えられる。

したがって、平安時代の貴族たちが死穢に対して鋭い感覚をもっていたのは、基本的には彼ら貴族階級が古代における政治支配者として以上のような歴史をもち、そこから発したものが習い性となった結果ではなかろうか。

そして、彼らのあいだに発生したこの特殊な感覚が、やがて理論的根拠を陰陽道などにもとめながら、死を不浄として極端に忌む神道の教説を生み、各種の禁忌を成立させて固定化し、後には民間にも大きな影響を及ぼしたと考えられる。それゆえ、今日の民間に存在している死を忌む習俗は、こうして歴史的に後次に成立した教説によって覆われ、歪曲されているから、それを表面的にとらえて単に死穢を忌み避ける感覚とだけ解すると、このとの本質を見失うおそれがある。イザナギノミコトが黄泉の国に行ったときの話のように、腐爛した死体はたしかに穢れそのものである。けれども、そこで抱かれる人間の根元的な意識は、死に対する恐怖であり、畏怖感であろう。

死に対する忌みとは、本来はそうした感覚から自然に発する人間の慎しみではなかったろうか。

女人の罪障

赤不浄、白不浄

中世には「諸社禁忌」とか「物忌令（服忌令）」とよぶものがつくられ、触穢といって穢れにふれたものが社頭に参入するのを遠慮する期間とか、穢れを解除するための作法などが神社ごとに定められるようになったが、たいていは死穢・血穢・産穢の三者を忌むべきもっとも大きな穢れとしている。そして死穢を黒不浄とよぶのに対して、血穢は一般的な外傷だけでなく、とくに女性の月々の生理をさして赤不浄とよび、産穢は白不浄とよばれ、神道と深く結びついた僧侶たちによって、女性は赤・白の不浄をもつことで罪障深く、穢れたもの、救われがたいものと説かれた。

しかし、先に死穢について指摘したことは、この血穢・産穢についても同様にみとめられる。

たとえば、昔は男のツワリということがあった。アイボ（相棒）のツワリとかトモヤミ（共病）・クセヤミ（癖病）とよぶのがそれで、妻が妊娠すると夫まで身体が変調になり、妊娠とおなじように冷汗をかいて弱りこんだり、吐き気まで催す人もあった。ツワリは妊婦初期の生理現象で、女性にしかないはずのものである。それが男にも現われるというのは、心理的な原因、したがって潜在的な信仰によるという以外にないだろう。また、お産を穢れとして夫は七夜まで産室に入るのを避けるふうさえあるのに、一方では夫が妻のお産を手伝うところもあり、一度手助けするとクセになり、その後も夫がいないと安産できないともいう。

それに妻が産気づくとまじないに夫のフンドシを妻の頭にかぶせたり、夫が鍬や臼をかついで家の周囲を三度まわるというところもあるし、アトザン（胞衣）がなかなかおりないときは、夫がフルイ（篩）を頭にかぶり、片足に草履、片足に下駄をはいて屋根にのぼり、産婦のいる部屋の上から「オリタカ、オリタカ」とさけび、下から「オリタ、オリタ」と大声で返事するとよいというところもある。屋根の上でさけぶというのは、先に紹介したタマヨバイに通じるものがある。タマヨバイは肉体から遊離してあの世に行こうとする霊魂をよびもどそうとするものである。これに対してアトザンのおりないときにするのは、新しい霊魂があの世からこの世へ無事に現われるよう、妻の霊魂をしっかり身体にとどめるためと解せられるが、ともかく男のツワリといい、妻のお産に夫も立会って、いろいろのまじないをするというのは、お産を妻だけにまかせないで夫もなんらかの形で関与し、そうしないと無事によい子が授からないという素朴な連帯感が、一種の信仰的なものと重なった習俗といえる。したがって、これらは月のものやお産を穢れとする思想とは無縁のものであり、出産をめぐる習俗にも、穢れの思想では解釈できないものが多く含まれているのである。

それればかりか、かつて根強く存在した血穢や産穢を忌む習俗も、その実態はけっして単純なものではなかった。たとえば、以前は赤不浄や白不浄でも火が穢れるといって火替えをしたし、別火のふうも一般的であった。別火とは家の火が穢れないよう、忌みのかかった女性が家族とおなじものを食べず、別に煮炊きしたものを食べることで、臨時のカマドを土間のすみにつくったり、家から離れた小屋に寝起きして自炊し、そのための小屋は月小屋とか産屋《うぶや》・産小屋とよばれて多く部落ごとにつくられた。これらの習俗はいずれも穢れを避けるためと説明され、そのように信じて行なわれてきたものであるが、その実態をみるとけっしてそれだけでなく、その背後には無意識ではあるが人間のもっと根元的な信仰のあったことがうかがわれる。

昔のお産

月小屋や産小屋にこもる場合は、女性にとってある種の解放を意味する面もあった。貧弱な設備しかなくても、そこにはおなじ忌みのかかった仲間も来たし、忌みのあいだは家事を離れて一人ですごせた。これに対して、そうした設備のない村では、忌みのかかった女性は家の火を穢さないよう、細心の注意をはらわねばならなかった。

彼女たちは板の間のイロリの火に近づくのを遠慮して、ナンドとかヘヤとよばれる寝室に食事を運んでもらったり、縁側で食事をした。戸外へ出るにも縁側からまわったし、ときには土間のすみにワラやムシロを敷いて臨時の寝床をつくり、出産も土間ですることもあった。昔のお産は坐産といって天井から下げられた綱にすがったり、ワラ束を積みあげてそれによりかかってしたが、土間の場合は下にワラを敷きつめるほか、三方にムシロを下げて囲い、一方で火をたいて産婦の身体を冷さないようにした。

冬には雪が二メートルも積るという京都府竹野郡のある山村で、いろいろ昔のことを話してくれたお婆さんが、嫁入りして一年か一年半しかたたない初産のとき、まだ二〇歳にもならない明治の末年のころ、牛や馬のようにひとりだけ土間に寝起きして姑が別につくってくれた食事をするのは、まことにやるせない、さびしいことであった、女に生まれた業の深さが身にしみたといって、若いときの体験を語ってくれたことがある。

しかし、こうした土間でのお産も、それが穢れだからという外からの強制だけではじまったのだろうか。たとえば、おなじ京都府の天田郡三和町大原の町垣内にある産屋は、次頁のような素朴な建物で、内部は三畳敷ほどの土間になっている。そこは町垣内の部落の

産屋内部の盛砂と御幣

京都府天田郡三和町大原字町垣内の産屋（うぶや）

横を流れている川の対岸の水田のなかで、以前は妊婦に陣痛がはじまると夫がかならず先導してここに移した。そのときふだん使っている橋をわたらず、臨時に梯子に板などをわたした仮橋をかけ、土間にはワラを月の数の一二束、閏年には一三束しきつめ、入口に魔除けの鎌を下げたという。実際にここでお産をしたのは明治の末までであったが、その後もお産だけ家ですませてから産婦は赤ん坊をつれてただちにここに移り、七日間、のちには三日ほどここですごし、この風習は第二次大戦直後のころまでつづいた。

この産屋がこのように最近まで使われたのは、これが部落の人たちの信仰に支えられていたからであった。産屋のある場所は川のふちなのにどんな洪水でも水がつかないといい、それは昭和二八年の集中豪雨のときにも実証されたが、昔この地に大洪水があったとき、上流から流されてきた材木がここに流れついていたのを村の鎮守である大原明神のおつげだとして、その材木で産屋を建てたのがはじまりと伝えている。

そして、この産屋でお産をすれば大原明神が守ってくださるのでまちがいが起こらないといい、現在でも土間の砂は安産のお守りとされて鎮守の大原神社で管理し、建物は町垣内の人が協力して屋根を葺替え、昔のままの姿を保存している。

こうしてみると、この産屋にこもって別火生活するのは、お産が穢れであるからではなく、それとは正反対に神を迎え、神の加護のもとに安産するため、穢れを避けて精進することになる。とすると、他の産小屋はもちろんのこと、土間でのお産にも、こうした信仰が歪曲された形で潜在していたのではないだろうか。

女人禁制の起こり

産屋に注連縄《しめなわ》を張る例は、山陰地方から九州の一部にみられるし、三重県南部から和歌山県にかけての村々では、産室に樫の四本柱を建てて注連縄を張りめぐらし、この中を「縄の内」とよんで産婆以外の立入ることを禁じたという。類似のことは各地にみられるが、こうした習俗は、明らかにお産の場所が神の来臨を願う聖なる場所であったことを物語っている。

考えてみれば、新しい生命の誕生は自然の神秘そのものであり、医学が発達せず、その恩恵にあずかることの少なかった人びとにとって、出産はしばしば生命の危険をともなったから、出産にあたっては厳重にものいみし、精進潔斎《しょうじんけっさい》して神の来臨と加護を願ったのは当然であった。それゆえ、先にみた土間で別火してのお産の場合も、ことさらみずからを虐待するという姿のなかに、神を迎えるための精進、神意をそこなわないための苦行といった意識に類するものがうかがわれ、月々の生理も、おなじ感覚でうけとめられていたのではなかろうか。女に生まれた業の深さが身にしみたというお婆さんのことばは、神を迎えて女の大役を果たすための精進が、生まれながらの罪障を消すための苦行と重なったものとして聞くべきであろう。ただ穢れだからというだけで、あのような理不尽な禁忌と制約にあまんじたとは思えない。

高野山には山内の入口に石童丸の哀話で有名な女人堂があり、昔はここよりなかへ女人の登拝を許さなかった。こうした霊場での女人禁制は現在でも一部に残り、女の穢れた身は修行のさまたげとも説かれている。しかし各地の名山大山にある霊場の入口で、女人堂とか姥《うば》堂とよばれる堂が建ち、結界石などが置かれてそれよりなかへ女性の入るのを禁じた場所は、もとはその霊場が仏教と結びつく以前に、山麓の村々の青年男女が春の農事開始に先立って山の神を里に迎えるために忌みごもりした場所であったといわれる。

たとえば滋賀県大津市坂本から比叡山に登る表参道の途中にある花摘社は、高野山の女

有名な高野山の女人堂。女性は穢れあるものとして扱われていた。

比叡山　花摘社

人堂とおなじ意味をもち、伝教大師《でんぎようだいし》の母親がここまで登ってきて大師に面会したと伝えるが、花摘みの名はもと山の神を里へ迎えるための依代《よりしろ》として、忌みごもりの後に花を摘んで山を下った名残りという。そして神の住む聖なる地としてだれも立入らなかった山頂部が、僧侶の手で開かれて霊場になると、男だけが僧侶に導かれて入ることを許され、女は昔ながら忌みごもりした場所にとどまってそこから霊地を遥《よう》拝《はい》することになり、そこがそれより女人の立入るのを禁ずる場所となって、われわれの知っている女人禁制のふうが実現したと説かれている。

　しかし、われわれの遠い母親たちがこのような制禁に耳を傾けたのも、ただ女は罪障深く、穢れたもの、救われがたいものという教説の力であったとはいえないだろう。ことは土間での別火とおなじであり、月のもののたびに、お産のたびに、神をまのあたりに見なければならなかった心の重荷が、これらの教説や禁制を首肯させ、習俗として固定させたのではなかろうか。

忌みの原型

祭りにおける忌み

「記紀神話」には、海神の娘のトヨタマヒメがウガヤフキアエズノミコトを産んだとき、産屋根を鵜の羽で葺いた産屋を海辺にたてた話がある。人を葬るときの喪屋とならんで、産屋の歴史は原始まで遡るであろう。畏怖すべきこと、畏敬すべきものを前にし、神をまのあたりにするときは仮屋をたてて別火・精進し、一定期間の忌みごもりの後、明けて水辺で禊ぎをするのが「忌み」の本来の姿であり、神祭の原型であった。だが祖先たちの素朴な信仰心では、畏怖し、畏敬すべきものの前でのつつしみばかりか、それを表現するための各種の禁忌もひとしく「忌み」と観念されたから、歴史的に後次に成立した意識や教説にもとづく儀礼・禁忌の類がこれに架上され、「忌み」の意識まで大きく変化することになった。死穢以下の穢れを忌む習俗は、こうした歴史的な変化の結果であったといえる。「忌み」の意識に基本的に含まれる浄・穢の観念は、聖と俗という表現になおすこともできるが、本来の「忌み」にはみずからの穢れを去って聖に近づこうとすることと、穢れを避けてみずからの聖性を維持しようとする二つの側面があり、これらは表裏の関係をなしていた。ところが死穢や血穢・産穢を忌む習俗は明らかに後者の面だけを強調し、穢れあるものをすべて遠慮させ、これをもって「忌み」とするものである。

このような意識は、すでにのべたとおり、つねに聖なる廟堂に立ってみずからの聖性を維持しなければならなかった貴族のあいだに成立し、彼らに連なる職業的司祭者の手で陰陽道と結ばれて神道の教説を生み、仏教とも結んで、後に民間に流布したもので、もともと庶民とは縁のないものであった。そして、これまでみてきたことから知られるように、民間に行なわれている死を忌む習俗と、出産や月々の生理を忌む習俗とをくらべると、後者のほうにより多く「忌み」の本来の姿をうかがうことができる。

こうした差違の生まれた理由として、死と生との本質的な相違があげられる。死はだれしも避けたいものであるのに対し、新しい生命の誕生は畏怖し、畏敬すべきことではあっても、だれしもが期待することである。血穢・産穢を忌み避ける習俗が、民間では死穢ほどに強力に普及しなかった第一の理由はここにもとめられる。また、血穢や産穢で火が穢れるというとき、家の火、したがって家の神祭がだれの手でなされるかが問題となり、家のなかでの男女両性の地位、家族生活のありかたが関連してくる。

このことについては後にふれるが、貴族・武家をはじめとする上層支配者階級は別として、庶民の家で男子専制が確立したのはそれほど古いことではなかった。家長と主婦とがひとしく家の神祭を主宰する形は近い時代まで存続していた。そのような家族生活にあっては、妻のお産は夫もともに忌みつつしみ、神の来臨を願ってするものであり、お産や月のものを穢れとして忌み避ける習俗は、入りこむ余地が少なかったのではないかと考えられる。

流れ灌頂

もちろん、ながい封建時代を通じて、女性に不当な忍従を強いる教説はくりかえし説かれ、お産のために死んだ女性は血の池地獄に堕ちるとさえいわれた。しかしそうした女性に対する葬送習俗をみると、たとえば流れ灌頂《かんじょう》といって小川の流れに四本の棒を立て、それに布を張って戒名や経文を書き、横に柄杓をそえて通行人に水をかけてもらう。こうして布の字が消えたときには死者は救われるといった類のものが広く行なわれた。

お産で死ぬということは、この世にもっとも思いを残して死ぬことであり、罪業はそれだけ深いかもしれない。だがそうした死者の罪と穢れを、肉親だけでなくて広く世間の通行人によびかけ、多数の人の結縁《けちえん》によって浄化し、供養してやるという発想は、明らかに

流れ灌頂　高野山玉川の卒塔婆

庶民自身がもち伝えたものである。

また、これは庶民の話でもお産の話でもないが、次のような例もある。名古屋市の熱田神宮の南門から旧東海道を東へゆるい坂を下ったところに、裁断橋の址があるが、これは精進川とよぶ川にかけられた橋で、川は運河に改修されて東に移動し、次頁の写真のように昔の橋の欄干が道の横に保存されている。その青銅の擬宝珠《ぎぼし》には次のような銘文が刻まれているのである。

てんしやう《(天正)》十八ねん《(年)》二月十八日
に、をだはら《(小田原)》への御ぢん《(陣)》、ほり《(堀)》
をきん《(尾金)》助と申、十八になりたる
子をたたせてより、又ふためと
もみざるかなしさのあまり、い

川水を浴びて禊ぎをした精進川の裁断橋址

まこのはし《（橋）》をかける成、はは《（母）》の身にはらくるい《（落涙）》ともなり、そくしんじやうぶつ《（即身成仏）》し給へ、
いつかんせいしゅんと、後のよ《（世）》の又のちまで、此かきつけ《（書付）》を見る人は、念仏申給へや、
卅三年のくやう《（供養）》也

天正一八（一五九〇）年の小田原の陣といえば、豊臣秀吉が後北条氏を倒した彼の天下一統の最後の戦いであり、それより三三年目といえば、徳川家光が三代将軍になる前年の元和八（一六二二）年である。近世三〇〇年の平和のはじまったときに、一八歳という若さで戦国最後の戦いに戦死した息子の冥福を祈ったこの銘文は、われわれの心をうつものがある。文中に「いっかんせいしゅん」とあるのは息子の戒名と考えられる。由緒ある武家の女性であるこの母親が息子のために橋をかけた川は、今では汚水の流れる運河に変わっているが、精進川の名が示すとおり、昔から熱田の宮に参籠《さんろう》する人たちがこの川のほとりで忌みごもりし、その水を浴びて禊ぎをした聖なる川であった。そうした川に橋をかけ、通行する人たちに息子のため廻向《えこう》してくれと頼んだ母親の心は、いわゆる流れ灌頂の原型につながるといえよう。

「忌み」の意識を、穢れを忌み避ける意識に局限すると、そのための禁忌だけがつぎつぎに架上され、それを守りさえすればよいとする堕落がはじまる。しかし庶民の信仰は、けっしてそこにとどまらなかった。素朴ではあるが、はるかに深いものをみずからのうちに伝えてきたといえるだろう。しかも、聖なるものを前にしてみずから慎しみ、ひともわれ

も精進によって罪と穢れを祓い、神の来臨を願おうとする思念を貫くものは、神に対して自己の信仰を訴え、その裁きを待とうとするのとは異なり、神に対してきわめて謙虚に、したがって受動的な態度で神に接しようとするものである。このことは単に宗教の問題だけにとどまらず、「忌みの精神」とよべるほどの強さをもって庶民の勤労観を支え、道徳の根幹をなしてきたのではないだろうか。

宗教学的にみた忌み

忌み＝タブー

わが国における忌みの観念や民俗の歴史的な事実は、ほぼ明らかになったと思う。ここで視点をいくらか一般化して、それらの諸事実を宗教学的な見地から整理し、その意味を考えてみよう。

忌みということばは、実のところ、今日の若い人びとには、もはやなじみがうすいかも知れない。日常語としても学術語としても、より一般的に使われることばでいえば、それはタブー（禁忌）のことである。タブーはポリネシア語源のことばである。探険家クックが一七七七年にトンガで見た未開民族の宗教的な禁制と戒慎の習俗が報告されて以来、タブーは、たんにオセアニア地域のものだけでなく、世界の各種の文化圏を通じ未開社会から文明社会にまでわたって行なわれている同様な習俗を指すことばとして、ひろく使われているのである。

タブーは、その起源や動機となる神話、侵犯にたいする超自然的な罰や祟りをともなう呪術的な儀礼、またその呪力信仰の背景をなす生命主義（ヴィタリスム）的世界観などもふくめると、おそらく各民族の宗教生活のほとんど全側面を包括する、そのかなめの観念といえる。そして、わが国の「忌み」もまた、いわゆる「記紀神話」における神話的起源をもち、物忌《ものいみ》、忌みごもり（オコモリ）、禊ぎ、祓いの儀礼を要求し、またアニミズム（霊魂崇拝）ないしはアニマティズム（非人格的な精霊崇拝）という生命主義的な存在観を背景に、浄と穢（不浄）の価値観にもとづく呪力信仰によって成り立っているのである。

タブーの種類は、イギリスの著名な人類学者フレーザーが、その対象から行為、人、物および言語に大別している（『金枝篇』）ところを見ても明らかなように、実に複雑多岐であって、学者によっては、人間生活におけるたとえば休日のような社会制度、刑罰や賠償のような法律制度、また行儀作法にいたるまでの道徳的規則などの起源を、タブーという宗教的な習俗にもとめているくらいである。宗教が生活のほとんど全面を規制した古代ないし未開社会においては、それはむしろ当然であったともいえよう。

だが、問題はたんに原始宗教だけのこととしてすむわけではない。いわゆる高等宗教は、原始宗教におけるタブーや、それに対応する超自然的な呪力としてのいわゆるマナの観念にまつわる呪術性、呪物崇拝性を脱却したところで成立したとされるが、はたして宗教が広い意味の呪術性から完全に無縁となりうるかは、きわめて疑問だと考えられる。

キリスト教でも仏教でも、直接的・表象的な段階から媒介的・象徴的な段階へと高められたものになってはいても、なんらかの呪術性を持たずには、いいかえれば、なんらかの儀礼をともなわずには、宗教ではありえないからである。宗教は、たんなる神のことがらでもなければ人間のことがらでもなく、その両者の関係、神とか仏とかの高次の実在ないし実在者と人間との関係において成立する事実だろうからである。

ここでは、もっぱらこの関係における人間の側のありかた、つまりその道徳倫理としての面に注目して、わが国の古代宗教、原始神道以来の伝統的なタブーの観念である「忌み」を考えることにしよう。その起源や背景をなす神話や生命主義的呪力信仰の面は、ひとまず括弧にいれてさきで考えることにしたい。

忌みと斎み

さきに、原始神道の忌みの思想には二つの面があることが指摘された。みずからの穢れ(俗)を去って浄(聖)に近づこうとすることと、穢れを避けてみずからの聖性を維持しようとすることと。古代の民間信仰ではこの両面が表裏一体の即自的な統一をもっていたが、また政治的にはこの両面はそれぞれ庶民と貴族と、被支配者と支配者とにおける忌みの考えかたの違いを示すものであった。忌みの思想の歴史は、古代から中世、近世へと、前者の考えかたによる忌みが後者の考えかたによる忌みによって歪曲され隠蔽されてくる過程であることが注意された。したがってそれは、いわば宗教が政治によってねじ曲げられてくる歴史であったともいえよう。

辞書をひらいてみると、「いみ」にはもともと二つの漢字による使いわけがあったことがわかる。「斎《い》み」と「忌《い》み」とである。前者は「神事に慎しむこと」であり、後者は「嫌い避けること」である。つまり、前者はポジティブな行動原理としての戒慎であり、後者はネガティブな行動原理としての禁制である。いわば主体的なモラルと外的な制度との違いである。原始神道の「いみ」は本来は「斎み」であり戒慎の宗教的倫理であったが、祭政一致のイデオロギーに立つ貴族支配者層の「斎み」は、かえって禁制としての「忌み」に転化し（陰陽道との習合）、そのことによって庶民の習俗としての「斎み」をもしだいに混濁させるところがあった。

この事情は、おそらくオセアニア地域におけるタブーの原義のそれとも類似しているであろう。ポリネシアやメラネシア固有のタブーも、神政政治的な支配のための禁制、酋長の所有権確保のための一つの制度、とふつう理解されるが、その語源論から考えても、タブーの本質は人為的な禁制よりもむしろ自然的な戒慎にあるとも解釈可能だからである

（宇野円空『宗教民族学』）。

それでは、わが国の「忌み」、むしろ「斎み」の思想は、一般に他民族のもろもろのタブーのそれに比して、どのような特異性をもつといえるだろうか。それは何よりも、そこでは神と人との関係、人から神に向かう姿勢が対立ないし敵対のそれでなく、親和と融合のそれであることである。日本の神は、原則的に疎遠な神でなくあまり人間からの超越性をもたぬ親しい神である。広い意味の呪術と宗教とは完全に無縁ではありえないであろうが、さきにふれたように両者に直接性と象徴性との次元の違いを立てることもできよう。この観点から、フランスの社会学者デュルケームは呪術儀礼と宗教儀礼とを神聖観念の有無によって、前者を実利的打算的、後者を精神的絶対的として区別し、またフレーザーはその心理的態度から、呪術のそれは命令強制、支配と自力であるのに対し、宗教のそれは祈願、尊敬と服従であるとした。

原始神道の斎みと神の加護という思想には、タブーとマナ型とは異なる、このような宗教性を認めることができると考えられる。それは語義の上からも指摘できる。「斎み」は「斎《いわ》い」であり、それは「祝い」であって、身と心を清くして神の祭を営むに適した状態にいることなのであった。いずれにせよ、「斎み」は神と人間との親和的な交渉の中での人間の慎しみである。

禊ぎの思想

一定期間の別火・精進による忌みごもりの後、忌み明けとして水辺で禊ぎをするのが神祭の原型であり、忌みの本来の姿であった。したがって、禊ぎこそは、生活感覚における浄と不浄、聖と俗、生活期間の区別としてのハレとケとの間をつなぐ、あるいは逆に切り離す、儀礼であり行事であった。つまり禊ぎによって、俗を去って聖にも近づけば、逆に清浄な心身をもって俗生活へ再出発することもありえた。そして、禊ぎは一時的な身の穢れを清め拭うものでもあったが、むしろ本来はこれによって肉身の根本的な改造を期待するものであった（さきの大戦中の軍国主義的鍛錬と禊ぎとの結合はこれの復活であった）。水を浴び、水に身を浸たす禊ぎが祓いの原型であって、神に近づくのに手水鉢で口をすすぎ手を拭くだけですませたり、いわゆる御幣を頭の上で振ってもらえば罪穢れが消除できるというのは、祓いの堕落形態でしかないともいえよう。

しかし、このようないわば堕落がどうして生じえたのか。実は禊ぎの思想そのものが、よくいわれるように、日本人の「罪」の考えかたを端的に示すものなのである。神道には、世界そして人間の心身は本来明るい光の中にあるという存在清浄観があり、人間の罪は穢れにほかならず、穢れは心身の表層につみかさなっただけのもの、物を洗いそそぐ性能ある水によって消除できるものとされ、心身相関の前提の上で身を洗えば心も洗われるとされる。

むろん、水の呪力にたいする信仰は日本ばかりのものではない。キリスト教でも、カトリック教会もプロテスタント教会も、ユダヤ教以来のバプテスマ（洗礼・浸礼）をサクラメント（秘蹟）の一つとして重視している。しかし、一神論と原罪説をせおうキリスト教の内面的な罪の観念と、汎神論と存在清浄観による日本の原始神道の穢れの観念には、宗教的視点からみた両者の文化のパターーンの根本的な違いを見ざるをえないのである。

この両者の違いを、あるひとはたくみな比喩によって、日本人の罪からの解除法は表面を拭けば足りる消毒薬的であり、西洋人のそれは内から大掃除する下剤的であるといっている。しかし、たとい消毒薬しか使えない民族性だとしても、それは日本文化の運命的なパターンとして自認せざるをえないかも知れない。つい最近でも、岡本太郎氏は、日本人の風呂好きには「多分に精神的でマジナイ的要素がある。自分で気づかないで、毎日ミソギをやっているのだ」という説を立て、ここに西欧精神と異なる日本の「運命的な精神の位相を考えてみる必要がある」（『原色の呪文』）と主張している。禊ぎないし灌頂によって祓われる罪穢れという、日本人の罪のイメージによって、明確な核をもつ「人格」の観念、カルヴィニズムが西欧で確立したとされる「単独者の内面的な孤立性」（ウェーバー）の、日本人における成立困難さも理解できるであろう。

忌みの思想の弱点

原始神道にとって、赤不浄、白不浄よりも黒不浄、したがって死穢が重大視されたことは容易に納得できる。神道にとって女性はむしろ神聖であり、それを不浄としたのは、たしかに仏教のせいであろうからである。神道がもっとも本式の古い祓いの方法である禊ぎを要求したのは、とくに死穢にたいしてであった。しかし、逆にいえば、これこそ宗教としての原始神道のウイーク・ポイントであった。死にたいする根源的な怖れを、いかにして処理すればよいか。しかも、いわゆる死穢とはすでに死んだ者による穢れである。自分自身の死、さらにはその穢れをどうするか。神道には、本来その答はない。ここに、罪業観を強調した仏教の最大といってよい宗教的役割があった。

柳田国男氏は、神道と仏教との「物忌」「精進」におけるもっともいちじるしい違いを、「死穢を忌むこと」の有無に見る（『日本の祭』）。そして神道主義者の柳田氏は、むしろにがにがしげに、「仏教も殊に民間に流布した宗旨（念仏宗門）では、寧ろ之を嫌はぬといふ一大特徴を以て、平たく云ふならば競争に勝ったのである」と判定せざるをえなかった。たしかに、この点にこそ、日本仏教の民間への滲透と、日本人の宗教意識の内面化、個人化の最大の理由があったといえるであろう。

さらに、別のいいかたをすれば、忌みの観念と習俗の歴史は次のようにとらえることができる。原始神道の教える穢れにおいては、人間の内面のそれと外的対象のそれとが未分離であり、主体的な戒慎としての「斎み」と外的な禁制としての「忌み」とは即自的に統一されていた。その穢れと斎みの観念をもっぱら内面化しようとしたところに、日本仏教の歴史的な役割があった。しかし日本仏教は力量不足で、穢れを内面化する反面には、神道が未分化のままに保っていた外的対象の穢れ、忌み避けるべき禁制、祟りをなす呪物という側面を、かえって無媒介的に独立させ、さきにふれた神道の政治的性格ともあいまって、それを持続増殖させる結果をまねいた。かくて、簡略化された「斎み」の儀礼、無原理的に因習化した「忌み」の習俗、これが日本人の「いみ」のながい歴史の実状となったのである。

現代と忌み

明治日本と宗教

神の前にみずから慎しみ、罪穢れを祓って神の来臨を願おうとする日本人の姿勢は、キリスト教者のように神にたいして自己の信仰を訴え、その裁きを待とうとするのとは異なり、この姿勢は「忌みの精神」、むしろより適切には「斎みの精神」として、庶民の勤労道徳の根幹をなしてきた——さきにこう指摘がなされた。しかし、さらに、日本の近代化を支えた一つの宗教的エートスをも、ここにもとめることも可能だと考えられる。

明治維新以後の日本の近代化のスピードと規模は、その革命的な大きさにおいて日本人みずからが瞠目するところである。いわゆる近代化には、その肝要な要素として産業と経済の資本主義化ということが当然あるが、この問題において日本の宗教はどのような位置と役割を占めるか。近世日本の国教的地位にあった仏教は、現実の経済活動とは無縁であり、維新においてなんらの新運動も展開せず、日本のブルジョアジーはその形成期において仏教と結びついていなかった。一応はこういえる。

「明治の精神」を伝統的なエートスに結びつける場合には、よくされたように、せいぜい武士道が注目されるにとどまるのである。西欧近代の資本主義の形成に禁欲的プロテスタンティズム、とくにカルヴィニズムがその有力な精神的動因であったという、ウェーバーのテーゼは今日ひろく承認されているところである。資本主義の「精神」は、カトリックの修道僧的な現世拒否的禁欲ならぬ、「合理的な世俗内的禁欲」というプロテスタンティズムの倫理であった。

ウェーバーは、日本人の生活実践の「精神」を宗教的要素よりもむしろ社会的・政治的封建制度より生じたものであるとし、明治以後の日本人のエートスを、封建制度の発展がうみだしたナショナリズムと、封建制度のタガの弛みにふき出たアジア人特有の盲目的な「営利衝動」とに求めようとするがごとくである（『アジア的宗教の一般的性格』）。

これにたいしては、近世日本にも「世俗内的禁欲」を説く宗教が存在したという反証をあげて、日本資本主義の宗教的エートスをあとづけようとする努力もすでにある。内藤莞爾氏「宗教と経済倫理——浄土真宗と近江商人」、R・N・ベラー氏『日本近代化と宗教倫理』、中村元氏『日本宗教の近代性』等々。とくに中村氏が強調された、近世初期の禅僧鈴木正三《しょうさん》の宗教的職業倫理は、きわめて注目するに足りよう。

近代化を支えた「忌みの精神」

彼はその著『万民徳用』で士農工商それぞれの「日用」を教えているが、なかでも商人についてすでにこういう。「売買をせん人は、先ず得利の増すべき心づかいを修行すべし。その心遣いと云うは、他の事にあらず、身命を天道に拋って、一筋に正直に道を学ぶべし。正直の人には、諸天のめぐみふかく、仏陀神明の加護有りて、……云々」。

近世日本の宗教は、たしかにウェーバーのいうように封建制度のタガの中に跼蹐《きょくせき》せざるをえなかった歴史的制約をせおうものにせよ、それは、ウェーバーが「神に嘉せられる生活を営むためのただ一つの道は、各人の生活上の位置から生じる世俗内の義務を履行することである」と規定した、少なくともこのルターの職業観にまでは到達していたのである。

しかし、そもそも日本仏教をこのようなものたらしめた理由は何であったか。出世間的、隠遁的性格の小乗を排斥して、世俗的生活と宗教的解脱とを相即させようとする大乗を採用させたものは、仏教の日本への土着に果たした原始神道の現世的性格ではなかったか。

鈴木正三が「諸天のめぐみ」「仏陀神明の加護」というところに、日本仏教の根本的性格がある。そしてこのように仏教が神道と習合することは、それが「斎みの精神」と結びつくことであった。さきにいったように、「斎み」には俗から聖へと、聖から俗へとの両面がある。聖から俗へのありかたが、正三のいう正直による得利という「世俗内禁欲」なのである。

「斎み」には、ここでこれから後で考えようとする、産土《うぶすな》的さらには祖先崇拝的神祇観も深く関連しているが、「斎み」のエートスによって育成された日本人の禁欲精神とガンバリズムは、近世日本の封建的な「制度」の底で農工商の庶民によって維持され、明治日本の近代化の主要動因の一つとなったと考えられるのである。

戦後における忌みのすがた

もともと「斎み」ないし「忌み」の習俗は、定着的な古代農耕社会の儀礼と結びついて成立した。物忌は共同体の中の仲間の雰囲気ないし感覚で保持せられるべきものであった。高度の工業社会を形成した現代日本において、まして農業人口がついに二〇パーセントを割り、人の流動のきわめてめまぐるしくなった戦後の今日において、それはどのような姿をとっているか。

まず、日常のことばとしても、忌み嫌うとか忌み避けるという、もっぱら消極的な禁忌としての使いかたが残って、しかもそれと宗教との関係はほとんど意識されなくなっている。逆に、それだけにかえって、意識の表層の片隅で、あるいは無意識の底に凝固した痕跡として、ある種の忌みは根強い力を保持している。若い女性を集める茶道の家元が発行する手帖にも、陰陽道のコヨミはちゃんと記載されているし、そこでは入院などの際の方《かた》違《たがえ》も守られているという。近代的なビルの工事には地鎮祭が励行され、その屋上には小さな祠が鎮座する。

また、死穢の習俗はさすがに根強く、よほどの近代主義者でも、近親の不幸の際の賀状辞退は墨守しているのである（喪中につき遠慮と挨拶する意識そのものは、相手にたいする遠慮よりも、自分の悲しみのための自分自身にたいする遠慮に変容しているかも知れないとしても）。神の観念ないし宗教意識が現代人からうすれるとともに、忌みの習俗の大半が消滅しつつあることは事実である。今日のように人の流動移住のはげしい大衆社会では、喪の穢れのある人との「合火」を忌むといっても、到底そのような禁忌は維持されようもない。ひとは無感覚になるほかはないであろう。もはや、われひとともに万人を不浄とみなすか清浄とみなすか、そのいずれかのほかは困難になっている。そのような中で、ただ記憶しやすく、また特定の地域共同体にかかわりのない、いくつかの禁忌だけが、その根から切り離されたところの迷信ないし因習として事々しく残っているわけである。

「こんにちは赤ちゃん」

今日における忌みの観念において、前近代と比較した場合、女性の禁忌からの解放ほど目覚ましいものはないだろう。赤不浄、白不浄ということなど、近代的産院で無痛分娩をしている若い女性は、もはやほとんど意識していまい。その名前すら知らないかも知れぬ。これはたしかに、今日のきわめてめでたい事実である。その端的な表現が、数年前に流行し若い母親たちに圧倒的な人気を得た歌謡曲「こんにちは赤ちゃん」〔一九六三年〕であろう。その歌詞の中の「はじめまして　わたしがママよ」という句には、その時まではまだいわば他人であった赤ん坊とはじめて母子の「契約」を結ぶのだというような、徹底した近代主義の感じがある。「おなかをいためた」「血をわけた」母親と子どもという、人間連帯のもっともじかなかたち、それゆえにこそ前近代において斎みが要求されたその神聖さも、ここではあっさり消されてしまったようである。

これは、今日の日本人の忌みの思想の実状を象徴的に示すものであろう。むろん、現代は科学の時代であり、科学は人間の幸福のための道具であるべきである。科学的設備のゆきとどいた近代式産院で赤ん坊の取り違えがしきりに起こるからといって、女性は昔風の土間や産屋で出産すべしなどとはだれが考えられよう。しかしまた、他方から考えると、たとえば現代の代表的な科学主義者、合理主義者のラッセルすら、人間は「大地」(自然)の子であるという、ある神秘的な認識の必要を、人間の究極の幸福のために強調せねばならないのである。その意味で、一方では科学的知識によって迷信的な禁忌を排除しつつ、他方、今日の「科学」による社会的・人間的諸悪を前にして、「科学」そのものへの新たなる忌みが、人間の情動にたいして要求されているのではないだろうか。そして、科学的自然に対処しうるためには、真の意味の普遍宗教が課する忌みないし斎みでなければならないだろう。

仏神の加護

神人不分離

偶像不要の信仰

日本にはもともと偶像崇拝はなかった。縄文式時代の遺物に土偶とよばれるもののあることはよく知られているが、これは信仰と礼拝の対象ではなく、それをもつものにある種の霊威を発揮するような呪物であったと考えられている。日本人は、六世紀初頭のころに大陸から伝えられた仏教によって、仏像という信仰の対象としての偶像にはじめて接した。そして仏教が普及するにつれ、その影響のもと、八世紀末には神像とよんで、伝来の神についてもその像をつくることがはじまった。しかし、この現象は結局は社会の一部にとどまり、神は目にみえないものとする昔ながらの信仰が、一般にはそのまま濃く伝存されてきた。

現在でも、家々で祀られている神棚は神号を紙などにしるしたお札の類か、石や鏡などを神体とし、座敷の床の間に祀るときも神号を書いた掛軸か、せいぜい絵像である。地鎮祭などで野外に仮設する祭壇や、ホテルの神前結婚式場では榊などをたて、そこに神の来臨が願われる。これらは家の仏壇が仏の木像や金銅像を多く本尊にしているのとは、大きな違いといわねばならない。

また神社にあっても、神像を神体とする場合でさえこれを本殿の奥深く安置し、寺院の本尊のように参詣者が直接礼拝できるようになっていない。これらのことは、もともと神は目にみえないものであり、山や森、樹木や岩石にやどり、榊などの常緑樹の枝や幣、矛、鏡、剣などによりますとした、原始古代以来の信仰といえるものである。

けれども、これは原始古代の精霊信仰が、そのまま残留したものではないだろう。神は目にみえないだけにかえって人の住むところにはどこでも来臨し、形影相添うようにして人間と密接な関係を保ちうるということも、考えてみる必要がある。たとえば、石川県の能登半島の村々では、旧の霜月五日にアエノコトとよぶ収穫祭が家ごとに行なわれてきた。アエノコトのアエは饗であり、コトは神事を意味することばで、アエノコトは神に食膳をささげ、人もともに食べるという神祭の本来の姿をそのまま表現する名称といえるが、その日になると家ごとに主人が田から田の神を家に迎え、まず風呂をすすめ、つづいて座敷に請じて食膳をささげる。このとき写真のように神があたかも目の前にあるかのようにふるまい、田の神は土の中にいたので目がみえないといい、食事をすすめるときは主人が椀

能登のアエノコト

①田の神のおむかえの装束をつける　②田の神をむかえに畔道を急ぐ　③田の神を掘り起こし　④家へ迎える　⑤フロをすすめて　⑥神饌を供え、酒をすすめる

の蓋をとり、いちいち食物の名を告げることになっている。昔から「如在之礼奠《にょざいのれいてん》」といって、神はみえないけれども、あたかも目の前にあるかのように仕え、神饌を供えるものといわれてきたが、能登のアエノコトなどはその典型的な事例といえるものである。

こうしたことをみると、仏像という立派な手本があるのに神について偶像崇拝の行なわれることの少なかったのは、それが原始古代の信仰の遺風であるだけにとどまらず、アエノコトにみられるような神と人との親密な関係を維持するには、神の像は不要であるし、むしろ邪魔になるということがあったからではないだろうか。

神明の慈悲

神が老翁や幼童の姿をとり貴女となって示現《じげん》したという話は、昔からしばしば語られたことであった。そうした神の姿を絵像にして信仰をすすめ、神社の縁起絵巻や絵馬の類も画かれたが、ことはそこにとどまり、それを機縁にして神についての偶像崇拝が進展することは少なかった。

先に産屋について紹介した京都府天田郡三和町の大原神社では、祭神の大原明神はかつて赤牛に乗って示現し、神社の前を流れる川には、岩の上にそのときの牛の蹄の跡と伝えるくぼみがいくつかある。神は人間が来臨を願うときだけでなく、しばしば神のほうから不時に示現し、降臨するものであった。

大原明神示現の絵馬（京都府天田郡三和町大原神社）

大原明神示現の跡という岩

しかしそうした降臨の跡や姿を記憶することと、神について偶像崇拝を進展させることとは別問題であった。神の像をつくって一定の場所に安置すれば、人はそこへ行かなければ神を拝することはできなくなり、結果として神と人とは疎遠にならざるをえない。神は目にみえないからこそ人とともにあり、人の営みをどこからかつねに照覧しているし、そうあってほしいという心情が、無意識のうちに神の像を不要としてきたのではなかろうか。

中世にはしばしば「神道不測」といわれ、神は人の智恵では測りがたいもの、究めがたいものとされる一方、正直、清浄、慈悲の三つが神の本旨とするところであり、あわせて神の徳であると説かれた。このことは、伝来の信仰を考えるうえに重要なてがかりになる。先に「忌みの思想」についてのべたように、祖先たちはつねに受動的な態度で神に接してきた。忌みつつしんで神の来臨を願い、つねに一歩退いて神を迎え祭るということは、神のほうから能動的に人間に働きかけることであり、それは神が来臨を願うときだけでなくて不時に示現し、あるいは後にのべるように人の口を借りて託宣し、神意を啓示することにもっとももよく現わされる。だからこそ、この測りがたい神慮を畏れかしこむところに厳重な祭りが行なわれてきたのである。

しかし、こうして神が人の前に不時に示現するということは、それだけ神が人とともにあり、人の営みを照覧していることになるから、必然的に神慮をかしこみながら、一方では人の世のもっとも好ましい徳目がそのまま神自身の本旨となり、神の徳とみなされるようになる。

中世になって正直・清浄・慈悲の三つが神の本旨とされ、なかでもいわゆる「衆生擁護の神道」として「神明の慈悲」が説かれたのは、ひたすら神の霊威を畏れかしこみ、神慮にもとることのないようにだけ祈った原始古代にくらべれば、大きな飛躍であり、発展であった（柴田実『中世庶民信仰の研究』）。とくに慈悲行はこの時代に地方にあって農民を直接にひきいていた在地領主や、中央にあった庄園領主たちに望まれるもっとも大切な徳目であり、それが神の徳に反映されたとすれば、仏教の影響の多大であったことを考慮に入れても、それは中世という時代社会の特質を物語ることになる。しかしそれにしても、正義といった客観的規範でなく、この世の人の行なうべき徳目をもって神の本旨とし、神の徳としたのは、神の像を不要としてきたことと並んで神が人とともにあることの現われではなかろうか。それは原始社会のように神の観念が未熟で、そのため神と人とがまだ分離してない状態なのではなく、神は神として立派に存在しながら、それをこの世からまったく隔絶したものとは考えない信仰、したがって神人未分離でなくて不分離とよべるような宗教的心情の現われというべきであろう。

神の二重構造

座敷の神と土間の神

旧暦の一〇月を神無月とよぶのは、この月に全国の神さまが出雲に集まるので、村では神さまが留守になるからだという。どうしてこのような説が現われたのか明らかでないが、少なくとも神無月につづく霜月に村々で盛大に行なわれる収穫祭を前にして、神を迎える準備として村中が一か月のあいだ厳重に忌みごもりしたことと関係があるだろうといわれる。しかも神無月に神さまが出雲に行ったあと、留守番をする神さまというのがある。それは村の鎮守の社や家の神棚などに祀られているれっきとした神さまではなく、土間とか寝室のすみにひっそりと祀られているエビスさんやカマドの神さんなどで、農家のエビス講は一〇月二〇日という例が多い。このことは霜月に村として行なわれる収穫祭の前に、したがって神無月に個々の家で家の神を私的に祭ることのあったことを示している。

農家の土間は、古い時代の祖先の生活をそのまま伝えている面が多い(今和次郎「住居の変遷」)。土間は住居内の通路だけでなく、裏口のほうにカマドがあり、ナガシなどの調理台が設けられ、まれには土間に炉のある場合もある。この一画は火を中心とする炊事場で、食糧なども置かれる。これに対して表口のほうは夜間や雨の日の仕事場で、道具類が置かれる。

また土間の一部を厩にする例は多いが、近い時代まで人間の寝る場所を土間に設けることさえあった。それは忌みのかかった女性の臨時の寝所だけでなく、下男など家族中の最下級者のもので、それは土間のすみに竪穴を掘って籾殻を入れ、板で囲ってワラを敷き、スバコなどとよばれた。

こうしてみると、土間には炊事場、仕事場、寝所と、住居のもつすべての機能が備わり、土間一室ですべてを兼ねた原始時代の竪穴式住居と機能的に差違がなくなる。住居のなかに床の部分が設けられ、生活の中心がそこに移った後にも、土間に古い時代の生活のあとが残留したというべきであろう。そしてこのことを念頭に置いて土間に祀られている神をみると、それはカマドの神をはじめ柱などに簡単な棚をしつらえ、年末などにお供えをするだけの、どこに本社があるということもなく、ただ火の神・水の神というだけの素朴な神である。座敷の床の間や神棚に祀られる神が中央地方の有名神や、村の鎮守の神であるのにくらべると大きな違いであり、「何某の命《みこと》」といったれっきとした神名をもち、どこの神という素姓のわかる神が歴史的に後次の成立であるのは明らかであるから、土間をはじめ寝室のすみなどに祀られている神は、はるかに古い時代から人の生活とともにあった神といえるだろう。

ひとくちに家で祀る神といっても、座敷の神と土間や寝室のすみの神のあいだには大き

農家の台所でカマドをまもる火の神として祭られる荒神の松

な差違のあることが知られる。しかも火の神、水の神などというだけの素朴な神は家ごとに私的に祀られ、神無月にも留守番するのに対し、座敷の神は村の神などとして公的に祀られる神で出雲にも出張するとなると、このような神の世界における二重構造はなにに由来するのだろうか。

普遍神の成立過程

まず「神道不測」ということばが示しているように、神慮は測りがたく、究めがたいとして、人びとが神に対して恭謙であればあるほど、新しい強力な神がつぎつぎと人の前に示現する可能性のあることを考えなければならない。それにかつて祖先たちは村落ごとに封鎖的な生活を営んだが、その度が強いほど人びとの外界に対する感覚と反応は鋭敏であるし、歴史の進展が外界に接触する量と質を展開させるにつれて、広い外界を背景にする新しい神の出現する機会は倍加したろう。

われわれの祖先が水稲耕作に従事して定住生活をはじめたのは西暦紀元前後のころであったが、その後も山間や海辺には依然として狩猟採集、漁撈を営み、適地をもとめて回帰的に漂泊する民群は多かったし、村落に定着した祖先たちはこれらと接触し、交易するなかで彼らの背後にある山や海の神を知り、それをみずからの信仰に加える機会をもったろう。そしてこのような外界の神を知る機会は、政治的社会の形成、国家の成立とともに画期的な段階を迎えることになったと考えられる。

『常陸風土記』行方《なめかた》郡の条には、七世紀中ごろの孝徳天皇のとき、国造《くにのみやつこ》などとよばれた在地の族長で、同時に支配者であった壬生連麻呂《みぶのむらじまろ》というものが配下の農民を動員して用水池の堤を築いていたら、夜刀神《やつのかみ》というのが現われて邪魔をした。関東では谷のことを「ヤ」とか「ヤツ」とよぶから、「ヤツノ神」とは谷間の湿地の主である蛇であるが、それをみた麻呂は大いに怒り、この工事は民を活すためのものであるのになぜ邪魔するかといい、農民に向かって「目ニ見ユル雑物《クサグサノモノ》、魚虫ノ類」はことごとく打ち殺せと命じたら、神蛇は畏れて逃げ去ったと伝えられる。

これは政治的社会形成にまつわる挿話として重要な意味をもっている。いわゆる氏族の体制のもとで昔ながらの生活をつづけていた農民たちのあいだでは、原始以来の精霊信仰は濃く残留していたから、蛇は恐ろしい神であったが、彼らを使役した麻呂は在地の支配者として新しい政治的社会を展望するだけに、目にみえる雑物は恐るべき神ではなくなっている。彼は目にみえないが、はるかに高い地位にある神を知っており、それを背後にしているとの確信があったから、おびえる農民を叱りつけ、工事を進めたとみることができる。

しかも、ここで注意しなければならないのは、麻呂が奉じていた目にみえない神は、夜刀神＝神蛇という目にみえる神を圧伏することによって威力を発揮している点である。麻呂の奉じていた神は、目にみえないということでは、それなりに観念活動の所産として、むろん原始的な政治的社会の範囲内という制限のもとではあるが、普遍世界に妥当する神である。けれども、それ自身で自立している神ではなかった。それは農民たちが個々の集団や地域ごとにもっている特定の目にみえる神の存在を前提とし、「私」に対する「公」の神として上位に立つという形をとっている。このことは日本における政治的社会の形成が原始以来の氏族的な共同体関係の温存のうえになされ、それを統摂する形でなされたことの現われであるし、神の世界における二重構造は、もともとこのようにして発生したものであろう。そしてこのことは、先にのべた神人不分離とよべるような神に対する感覚とならんで、仏教受容以後の日本の宗教思想史の基層をささえてきたと考えられる。

神仏の習合

仏教受容

『常陸風土記』には、祟りある神を鎮めるため朝廷に願って片岡大連というものを派遣してもらったという話があるが（久慈郡条）、大和朝廷につづく律令国家の形成は、地方在地の族長たちの手でつくりだされていた神の世界の二重構造を、全国的規模で拡大するものであったろう。先に律令貴族たちは神と神の子である天皇に対して重大な責任を負っていたと記したのも、これと深い関係がある。彼ら貴族たちが背後にしていた神々は、農民たちが個々の集団や地域ごとにもっていた、原始の精霊からどれほども脱却してないさまざまな神を踏まえながら、それを全国的に統轄する神々であったといえる。

しかしこうして出現した神々は、配下にどのような未熟な神々をもっていても、それ自身はすぐれた観念活動の所産として普遍神的性格を保有している。あたかも古代国家完成の時期に、中央貴族を中心とする上層支配者によって仏教が受容されたのも、その背景には以上のような神々があり、神の観念の一定の成熟があったからこそ可能であったといえるだろう。しかもまた、新たに迎えられた仏教は、古代アジアに成立した世界宗教として、以上のような状況に対応し、すべてを統摂しうるものをみずからのうちに備えていた。

仏教はその成立当初からインド固有の原始宗教に出発したバラモン教と無関係ではなかったし、インドから中央アジアを経て東方への道を流伝するうちに、多くの民族や種族の相互に異質の文化を包みこみ、そのなかで教団の分化と展開、教理や儀礼の整備と洗練がなされた。そのため釈迦という一人の聖者によって説かれた原始の時点からはるかに飛躍し、そうした歴史的制約からはなれて全アジア的な信仰と文化の習合体として成長した。インド以来しばしば行なわれた教相判釈というのは、いずれもそれを行なったものの教学にもとづく全仏教の体系化であり、同時にそれが彼らの創始した宗派や教団の教理的な基礎になったものである。こうした総括的な思惟方式は、布教過程や、それにもとづく教理や儀礼の構成にあたって示される本地垂迹《ほんちすいじゃく》の論理とならんで、たとえ自分より低次の教説でも、低度の信仰文化でも、それらをあるがままの姿でその意義と価値をみとめ、そのまま自己の体系のなかに統摂組織しようとする仏教の本質的な特徴を示すものとされている（堀一郎『我が国民間信仰史の研究』）。

ヨーロッパのキリスト教世界にあっては、古代ゲルマンの信仰は習俗として残留していても、それ自身の宗教としての生命は早く枯死させられている。これに対してインドのバラモン教や中国の道教、日本の神道と仏教との並存や融合という事実をみるだけでも、仏教のもつ特質は明らかである。

キリスト教世界と対比するとき、われわれは仏教のもつ豊かな構成力と、それによって構築された高い宗教性と思想性を、アジア世界のものとして評価できるだろう。そして天皇を頂点として律令貴族のつくりあげた国家は、小なりといえども古代アジア世界の一環につながる古代帝国の一つであった。必然的に仏教がそうした国家社会と、そこに生みだされた神々の世界を領導するものとして、貴族たちを中心に受容されたと考えられる。

救済の論理

日本古代の仏教は、官寺仏教とよばれる体制から出発した。そこでは、仏教は官寺とよばれる律令政府の手で荘厳された寺院に住む僧侶たちによって担われていた。そして彼ら官寺の僧侶たちに期待されたのは学問修行のなかで獲得される呪験力であり、彼らの経典読誦や講説によって五穀の豊饒や国家の安寧がもたらされると信じられていた。このことは、なによりもまず仏が伝来の神々の世界の上に立ち、それにまさる威力をもつ神性として機能していたことを示している。

しかし、仏教はこれだけの理由で貴族たちの心をとらえていたとは思えない。たとえば天武天皇の皇后であった持統天皇は、天武先帝の一周忌を前にして三〇〇人の僧侶を飛鳥寺に集め、先帝の冥福を祈って袈裟を一領ずつ施与したが、そのときの詔について、『日本書紀』は「詔詞酸刻、具《ツブサ》ニ陳《ノ》ブ可カラズ」と記している。古代専制政治の体制は必然的に血なまぐさい政争をはてしなくひき起こし、そのなかで破滅するものがただちに人間の生死の問題に直面したのは当然として、その争いはおなじ貴族同士のものであったから、敗者の姿はつねに勝者の分身であり、あらゆる術策によって勝利したものも、勝利のゆえにその重圧を自らの負い目としなければならなかった。こうした事態に対して伝来の神はあまりに貧弱であったから、仏のもつ救済の論理こそが貴族の精神の飢渇をいやすものとして迎えられたのではないだろうか。

こうしてみると、仏教は当初から律令国家を護持するための呪術であるだけでなく、律令国家を完成し、維持しなければならなかった貴族たちに対する救いの呪術であり、宗教であったことになる。このことは、仏は伝来の神々の世界の上に立ちながら、同時に救済の手を衆生《しゆじよう》にさしのべるという姿が当初から存在していたことを示している。だからこそ、道昭やこれにつづく行基をはじめ、数多くの官寺の僧侶たちが次第に官寺仏教の枠を破り、仏の教えに導かれて仏教の民間普及に尽力するようになったのも、ことの当然のなりゆきであったろう。

しかも行基の民間行脚以後、奈良時代も後半になると地方村落内の変動は顕著となり、地方豪族・富豪層とよばれるものが周辺の没落農民を掌握し、在地に新しい地位をかためはじめた。このことは昔からの氏族的な生活秩序を最終的に解体し、人びとが原始的な信仰から脱却することを意味したが、それは仏教の民間普及と深い関連のうえになされた。その当初は神はいぜんとして祟りをなす畏怖すべきものであったが、やがてそうした神も仏の前では一介の衆生とされ、水旱などの天災や疫病として発揮される神の祟りは、神が神の地位にとどまっていることの苦悩の現われとされ、それをやわらげるために神前で読《ど》経《きよう》したり、神宮寺とよんで神のために寺院を建立することがはじまった。そしてこれを通じて神は祟りをやめて菩薩ともよばれ、平安時代になって仏教のもつ本地垂迹の論理を拡大適用し、神は仏が衆生済度のため仮に神になって現われたものという、日本独特の本地垂迹説を生みだすことになった。

氏族の秩序が解体したのちも、農民たちの自給自足をたてまえとする封鎖的生活はつづけられ、彼らの共同体は地縁や職能縁にもとづき、さまざまの形で再生産された。したがって神を畏怖すべきものとする原始の感覚はしだいに薄れたけれども、神はいぜんとしてなによりもまず特定の集団や地域の神としてあり、その上に中央地方の有名神が層序をもって神々の世界を構成し、仏によって統摂される姿は、そのまま維持されることになった。

本地垂迹説の背景

鎌倉時代の説話集である『沙石集』によると、鎌倉時代の初頭に三井寺の長吏を勤めた公顕僧正は、住房の一室に都中の神はもとより、聞き及ぶに従って日本中の大小神祇《じんぎ》を勧《かん》請《じょう》し、毎朝これに心経と神呪を誦し、自分のように自力よわくて智品《ちほん》の浅いものは、神々の助力なくては出離の道はえられないと語ったという。これなどは神をもって仏の応化とし、仏が衆生済度のため仮に神になって現われたとする、本地垂迹の信仰の実態を示すものである。

ここにみられる神々の世界は、もちろんかつて古代国家形成期につくりだされたままの姿ではない。平安時代になって律令政府の保護と統制が弱まるにつれ、とくに有力大社を中心に職業的司祭者の独自の活動が活潑となり、その結果として中央地方の有名神の勧請が盛んとなった。公顕僧正が聞き及ぶに従って神を勧請したというのも、そのことの現われである。そしてこの現象は、中世・近世を通じてくりかえされるなかで、しだいに庶民生活の底辺部にまでゆきわたり、現在、村の鎮守ばかりか、それにもならない小祠までが、多く八幡、天満天神、日吉山王、熊野、祇園、春日などを祀っているのはその最終の結果であるが、その間にあって新しく勧請された神は、在来の神にくらべてそれほど強力でないときは客神としての地位があたえられ、強力なときは在来の神がその眷属《けんぞく》神ともなって無数に神社の鎮座縁起がつくりだされ、書きかえられた。いわゆる神の遊幸とよばれる現象で新しい神が次々と示現・来臨し、遠方より勧請されて、神々の世界はきわめて流動的なものになった。神無月には全国の神さまが出雲に集まるという説なども、こうしたことのなかから派生したものであろう。

しかしこの現象は神の教示のまままみずからの神を奉じて旅に出る人と、それをつつしんで迎える人との両者によって支えられ、それがいかに広い範囲で行なわれたにしても、その根底には「神道不測」といい、神は神のほうから人の前に示現するという信仰があるのは明らかである。それればかりか、先にのべたようにこうした現象の背後に、現在でも火の神・水の神といった原始以来のもっとも素朴な神々が、それこそ人びとの日常の生活に密着して存在し、台所や寝室のすみなどにひっそりと私的に祀られて神無月にも留守番するといわれているのをみると、流動的なのは外の世界の神々であったことが知られる。たしかに古代国家形成の過程で組織され、その後に社家神人以下の職業的司祭者の手にゆだねられた「私」に対する「公」の世界の神々は、庶民の生活と地位が向上し、外界と接触することが多くなるにつれて活動の範囲を拡げ、流動化を重ねてきた。だが、村の鎮守ばかりか家の神棚まで「公」の神を祀るようになって、台所や寝室のすみなどに逼塞《ひっそく》させられても、なおそこに「私」の神が残っているのは、以上の事態がけっして神についての基本的な観念の変化をともなうものでなかったことを示している。神の世界は偶像も必要でないほど人の世に密着して存在し、仏はその上にあってすべてを照覧するという感覚は、意識するとしないとにかかわらず人びとの心のなかに潜在し、いわゆる本地垂迹の説も、もともとこうした宗教的心情を踏まえて成立し、承認されてきた教説の一つとみることができる。

王法仏法両輪

一に名号、二に絵像

今様とよばれる平安末期に流行した歌謡のなかに、「仏は常に在《いま》せども、現《うつつ》ならぬぞあはれなる、人の音せぬ暁に、仄かに夢に見えたまふ」というのが伝えられる(『梁塵秘抄』)。昔の人は神仏に祈念するとともに、仏神の加護を仰ぐという表現をよく使った。神や仏は目にみえないけれどもこの世に常在するものとして、まことに人間的な信頼感を表明するものであるが、こうした感覚は正面から本地垂迹を説き、神仏習合の信仰に直接に依拠したいわゆる旧仏教の側だけでなく、それと対立したはずの鎌倉新仏教とよばれるもののなかにも潜在している。

旧仏教の立場から法然・親鸞の専修念仏を弾劾した「興福寺奏状」は、念仏の輩の「霊神ニ背ク失」をあげているが、親鸞の到達した弥陀一仏への帰依は余神余仏の不拝であって、その否定によるものではなかった。なによりも、そこにおける如来の慈悲は、キリスト教の神の愛と等質ではない。神の愛とは超越的な絶対者である神の恩寵であって、人と神とのあいだの越えがたい断絶感が前提になっている。如来の慈悲は、神の恩寵として隔絶したものを結びつけるものではなく、仏と人とのすでに離れがたく結ばれている絆を自覚するなかでみいだされ、讃仰されるものであろう。それは伝来の神との連続感のうえに育てられてきた仏に対する信頼感が信仰の論理によって透明度を深め、仏恩報謝の念仏に結晶したものといえる。このことは、浄土真宗では「一に名号、二に絵像」などといって木像や絵像よりも弥陀の名号が重視され、日蓮宗では『法華経』の題目を信仰の対象とすることなどと対応しているのではなかろうか。種子《しゅじ》といって仏や菩薩を梵字で表わすことは早く大陸から伝えられているし、浄土真宗の名号と日蓮宗の題目とではそれぞれ教理的な意味づけも異なっているが、これらの宗旨が庶民の支持を得たことを考えると、それをうけいれた人の側には神の偶像を不要としてきた伝来の心情が信仰によって深められ、神を超えて直接に仏に向けられた面もあると思われる。

こうしてみると、神仏の習合とその常在、仏による神の統摂は単に祖先たちの信仰心の中核に潜在してきただけでなく、より積極的に宗教思想の展開の基調ともなる精神的風土の根幹をなしていたことになり、もともとそれは国家社会の体制と深く結びついたものであった。というのは、日本古代の仏教が官寺仏教の体制のもとから出発したとき、この体制の本質上、律令政府という世俗の権力と教団の自主性、いわゆる俗権と教権のかかわりは当初から大きな問題を孕んでいた。とくに律令制下では僧尼になろうとするものに得度《とくど》させ、さらに戒を授ける権限、したがって仏教教団がその後継者を養成する権限は最終的には律令政府の手に握られていた。教団の長老たちはその儀式に列しても、それを執行するだけの司祭者としての地位しかあたえられていなかった。

教権と俗権の妥協

この問題は仏教が宗教としてこの国に根を下ろすためには、避けて通ることはできなかった。日本に真の戒律を伝えるため盲目の身をおして渡来した唐僧鑑真が、はじめは「伝律授戒」のことはすべて和上《わじよう》にまかすといわれながら、ついには唐招提寺に隠棲して伝律のことだけに専念したのも、このことに起因している。そして平安初頭になって天台宗を創始した最澄の生涯をかけた努力が実を結び、彼の死の直後、それまでの南都東大寺の戒壇とは別に比叡山に大乗戒壇《だいじょうかいだん》を設立することが公認され、この問題は一応の解決をみた。けれども、これ以後、仏教教団はようやくみずからの手で後継者を養成する権限を獲得しはじめたが、すでにのべたとおり、このころから神仏習合の気運が進み、あわせて王法仏法両輪ということが説かれるようになった。

王法仏法両輪というのは、王法と仏法、したがって俗権と教権とが車の両輪のように相互に依存しあい、王法は仏法を守護し、仏法は王法を擁護するというものである。近代社会では宗教は名実ともに宗教の次元に結晶し、その結果として政教の分離と信仰の自由が確立されているが、それのない近代以前にあっては、俗権と教権はおなじ次元で対立する側面を本質的に備えていた。とくに宗教教団に参入して出離の道をもとめることは、みずからを聖なるものとして世俗から「聖別」することであり、必然的に国家社会からの離脱を意味したから、俗権が教権に対して現実の力で優越するときはかならず俗権による教団統制がなされ、その反対のときは教権による俗権支配が出現する。だから王法仏法両輪とはそのどちらでもない中間の、いわば両者の妥協というべきものであろう。

律令政府が強大な権力を有した奈良時代に、渡来して日の浅い仏教の教団が官寺仏教の体制にあまんじたのは当然として、平安時代になって南都北嶺の有力寺院が巨大な寺領庄園を擁して俗権に比肩し、さらには多くの僧兵を養い、武力をもってしばしば俗権を凌駕するほどの勢いを示しても、いぜんとして王法仏法の両輪が説かれ、結局はヨーロッパ中世のカソリシズムに対比できるような教権による俗権支配の体制はつくりだされなかった。このことの背後には、いままでみてきた神と仏の関係が介在しているといえるだろう。

仏は神々の世界を否定しないでそのまま統摂しようとするものであったし、世俗の権力を構成する天皇を頂点とする貴族たちは、「記紀神話」に示される整然とした神統譜《テオゴニア》をもち、『新撰姓氏録』や『延喜式神名帳』にみられる神々の世界を背後にしていた。ここに神仏の習合を基軸とする王法仏法の両輪が説かれ、俗権と教権の妥協がたえずなされたのも不思議ではないといえる。

王・仏両輪の出発点

もちろん、ことは一本調子に進んだのではない。俗権と教権の関係は相対的なものであり、奈良時代でさえ律令政権の歩んだ道はけっして平坦なものではなかったから、その間には仏教教団が官寺の枠をやぶり、自立する可能性も絶無ではなかった。たとえば、東大寺大仏の造立《ぞうりゅう》にあたり、聖武天皇はみずから「三宝の奴《やっこ》」と称し、百官をひきいて大仏を拝した。藤原広嗣の乱を中心とする天平期の政情不安を考慮に入れるならば、天皇の行為は伝来の神よりも仏の恩寵によって権力の掌握をなそうとするものであったろう。

しかしどのような形であれ、天皇が神をさしおいて直接に仏を拝し、私的に教団の外護者となることは、天皇にとっては地位の強化になっても、神統譜を背景に天皇を頂点とする権力を構成してきた有力貴族にとっては、その地位の相対的弱化を意味し、必然的に天皇を既存の体制のなかにとどめようとする貴族たちの運動を誘発したろう。称徳天皇と結んだ道鏡の専権に対し、藤原氏を中心とする貴族たちが示した反撥は、天皇の寵を得た道鏡個人に対する反感とだけみるには、あまりに根の深いものがある。道鏡は藤原氏とも関係の深かった慈訓を排して少僧都《そうず》になってから、太政大臣禅師、法王と累進するなかで教団からも孤立していったけれども、本来はそれなりに教団を統率し、代表する人物の一人であった。貴族たちにとっては、そのことがもっとも問題とすべきことではなかったろうか。

そして平安初頭になり、最澄の創始した延暦寺では、彼の死の直後に大乗戒壇の設立が公認されたが、その翌年の弘仁一四（八二三）年には中納言藤原三守と、左中弁大伴国道という嵯峨天皇の側近二人を俗別当として迎えている。

別当とは専当に対する別当で、それぞれ太政官の中納言と左中弁という職を本務（専当）とする俗人の貴族官僚が延暦寺の寺務に関与するので俗別当とよぶのであるが、最近の研究によれば俗別当の制は延暦寺が最初で、その後、逐次他の諸大寺に設置された。

そして延暦寺において二人の俗別当の果たしたもっとも重要な役割は、大乗戒壇の設置によって延暦寺で天台宗の僧侶を独自に養成するときの事務手続の簡略化であったという（菊池京子「俗別当の成立」）。

というのは、令制では僧尼の監督は治部省の役目で、得度したものに僧尼としての正式の免状である度縁（牒）を発給するのも治部省であったが、僧尼は国家の課役を免除される特権があったから、勘籍といって治部省からの連絡により民部省で本人の戸籍をしらべ、課役免除許可の手続をしないと度縁の発行ができなかった。そのため勘籍には治部省の允《じょう》と録《ろく》、民部省の允と録の四人が立会うということに煩雑な手続が必要であったのを、天皇の側近者であり、それぞれ中納言と左中弁という太政官の職を本務とする二人を俗別当に迎えることにより、延暦寺で得度するものは俗別当の手で太政官より治部・民部両省に命令を下し、簡単に手続をすませられるようになった。

このことは、教団の側からみれば自主的に後継者を養成するてがかりになるものであるし、律令政府の側からみれば、教団に自主性を認めても独走させない手綱を握ることであった。最澄は生前に大乗戒壇設立運動を展開するなかで唐の制度から暗示をえて俗別当の制を考え、中央政界に働きかけたといわれる。おそらく彼は奈良時代を通じて展開された仏教教団と律令政府とのあいだの微妙な問題、なかでも道鏡事件についてじゅうぶんに反省し、天皇と有力貴族の動向を見きわめつつ、こうした制度を案出したと考えられる。それゆえ王法仏法両輪の説はけっして単なる教説ではなく、このような制度的なものも含めた国家社会の体制をあらわすものとして、複雑な歴史過程を経て成立したものといいうる。

けれども、すでにくりかえし述べたように、王法仏法両輪ということは、基本的には仏教が古代アジアに成立した世界宗教としての特質のもと伝来の神々の世界をそのまま肯定することによって成立したものであるから、それは律令制が衰退し、古代国家の解体が進行した後も神々の世界が存在するかぎりは形を変えて存続し、独得の精神的風土を構成した。鎌倉新仏教もこれを無視して論ずることはできないし、日本人の宗教思想の問題として、今日までも尾を引いているといえるだろう。

さまざまな神々

日本の神々の三重構造

それにしても日本には、いかに多くのさまざまな神や仏がいますことであろう。俗に神々の数は八十万あるいは八百万といわれる。それらの神々を、さきにまず「土間の神」と「座敷の神」の二重構造として説明したが、後者をさらに二段階に分けることでそれらを三重構造として考えるほうが理解しやすいかも知れない。

まず「土間の神」として私的に祀られる、火の神、水の神のような自然神、その上に共同体の結合原理として公的に祀られる、氏神、産土神のような自然神あるいは人間神、そして全体を神政政治的に統べるものとしての天皇神、という三重構造である。第三の神は、太陽神（天照大神）崇拝という自然宗教を背景に、皇統は天つ日嗣として神聖であり、マツリゴト（政治）はマツリゴト（祭事）であるとすることで成り立つ、そして中世の鎌倉中期に起こった伊勢神道以来の教義的な神道諸派がとくによりどころとした、すぐれて政治的世界にかかわる神々である。

多神教の神々が系図的ないし上下的関係をつくり、もっとも有力な氏族・部族の守護神が最高神となることは、古代ギリシア・ローマの神々のみならず、多神教の国々でしごくふつうにみられることであって、わが国の神々の世界もまた同様であったわけである。

ただ、たとえば古代ローマの神々が「チベル河が氾濫しても、ナイル河が水量を増さなくとも、旱魃が続いても地震があっても、また饑饉が起り疫病が流行しても、すぐキリスト教徒を獅子に投げ与えよとの叫びをあげる」（テルツリアヌス）恐ろしい神々であり続けたのに対し、日本の神々は仏教の影響もあって古代の畏怖すべき神から中世の「衆生擁護の神道」の神へと変貌したのであった。基本的には、いわばその荒魂《あらみたま》は、幸魂《さちみたま》・奇魂《くしみたま》という和魂《にぎみたま》へと馴化《じゅんか》されたといえる。わが国の神々の世界の上にはさらに仏の世界があり、両者は本地垂迹の教義で結びつけられ、仏神の世界は全体として四重構造をなしているのである。日本の宗教は、世界でもまれな規模の重層信仰（シンクレティズム）を成立させたといえる。

しかし日本の「神」とは何であろうか。よく知られているように、柳田国男氏は日本の多様な神々を、この民族特有の「人を神に祀る風習」としての祖先崇拝の原理で統一的に解釈しようとした。たしかにこの種の神もあり、柳田説の吟味は後にあらためて行なわなければならないが、日本の神々はそのような人間神だけではないであろう。さきに、日本の神々が偶像を持たない理由を、人が神とつねに親しい不分離の関係にありたいという心理的な要求にもとめたが、その神々の「依代《よりしろ》」が山や森、榊の枝や幣や鏡などであることは、日本の神道が多分に自然崇拝から出発したものであることを示し、擬人化されているにせよ自然の生産力・生命力を、その形も法則も不明確なまま(「神道不測」)に神とよんできたという存在論的な理由が、神々に偶像を造型させなかったとも考えられる。

日本の神々はいわゆるトーテミズムの一つのタイプともみなしうる。また宗教民族学では、「神」の観念をふつう発展段階的に霊魂、精霊、霊鬼(デーモン)、神の順をとるとし、さらに神を機能神、分科神、個別神、抽象神などと分類するが、日本の神の観念は、このような神の諸性格を不分明なままに共在ないし混在させているものともいえる。

キリスト教との対比

宗教発達の段階について、それを呪物崇拝・多神教・一神教とみるコントの説とともに、ヘーゲルのそれが代表的である。自然宗教・精神的個性の宗教・啓示宗教。そして、ヘーゲルは仏教も含めた東洋の宗教を自然宗教と規定し、第二段階の宗教としてユダヤ教、マホメット教、ギリシアの宗教、ローマの宗教を考えていて、そのローマの宗教とは国家を目的とする合目的性の宗教、政治的宗教を意味しているが、日本の神々の三重構造ないし仏神の四重構造に注目すると、日本の神道ないし宗教はヘーゲルの段階におさまりきらぬ複雑な性格をになっているといえよう。

ところで、日本の「仏神の加護」のありかたは、ヘーゲルが宗教の最高段階とした啓示宗教すなわちキリスト教のそれと比較して、どのような特徴をもつであろうか。「仏神の加護」「神明の慈悲」にあたるキリスト教のそれは、神の「愛」(アガペー、カリタス)であり、また神の「恩寵」(グラチア)である。そのいずれにおいても強調されることは、アウグスチヌスの「無償の恵み」ということばが端的に示すように、本来恵みや愛を受けるに値いしない罪ある人間への神からのよびかけという、それの本質規定である。キリスト教は、人格神としての絶対的超越者、実在する絶対的他者に出発点をもつ生の共同を強調する。そこでとくにカトリックでは、人間の究極目標である神自身に直接関係する「神学的徳」として信仰・希望・愛を説き、さらに狭義の倫理的徳のうち枢要なものとしてギリシア以来の伝統をうけて知恵・節制・勇気・正義の四大徳を教える。日本中世の神道における神の徳、人間の徳が正直・清浄・慈悲であることと対比してみるとき、さきに一言ふれたようにそこに正義が問われていないことは、日本の宗教とキリスト教とのありかたの相違に関する一視点を与えるであろう。

とくに、すでに示唆したごとく日本中世においてもヨーロッパのカトリシズム的体制が成立しかかっていたとすれば、この両者のありかたの相違は、一般的に「国家と宗教」の問題にかかわるものとして、後の一章で正面からとりあげる必要があるであろう。

日本カトリシズムはなぜ流産したか。またその帰結をどのように評価できるか。この問題には、キリスト教の神が絶対的な超越的人格神であり、また正義の唯一神であることが核心的な意味を持つと思われる。わが国の神道においても仏教においてもキリスト教的意味における神義論（テオディセー）ないし歴史哲学は成立しえなかった。神道も仏教もキリスト教のように劇的（ドラマチック）な宗教ではない。

しかし、ここでは、日本の神々について次のことだけをいっておきたい。この章のはじめでいったように、日本の神々がそのもっとも普遍化された形では「目に見えない」という超自然的・超経験的な精神的実在であること、また人が神にたいして「受動的な態度」を維持したことが承認されるとすれば、この二点は日本の神々を宗教的対象とよぶにふさわしいものたらしめる。宗教は究極的には人間の側における「受動性」において成立するものである。宗教と狭義の呪術とを区別する点があるとすれば、前者は人間を超経験的な実在とその力に関係づけ、しかもその実在にたいする人間の反応態度を表現させるものであるのに対して、呪術はその超経験的な力を人間が自力で操作して、この経験界そのものの中に特殊的な変化と結果とを引き出そうとするものだからである。

現代と神々

石川県能登半島のアエノコトの神事を、現代の若い読者はどのように感じるだろうか。バカバカしく感じるだろうか、なつかしく感じるだろうか。あるいはもっと余裕のある態度で、田の神は地中にいるので目が見えないとして主人が椀の蓋をとり食物の名を告げるなどと聞けば、むしろほほえましく感じるだろうか。

ともかくこれが農耕社会における神と人とのありかたの一つの典型的なかたちであったであろう。神を祭り、供えたものを神といっしょに食べる「神人相饗」、そしてそのことによって神霊を自分につけて生活の安定を願う。これが、神事の常道であった(カトリックの聖体のサクラメントにあたる)。ともかく、神は祭るもの、つまり待つもの、向こうから来るものであった。

しかし今日では、こちらから参詣にゆくものである。中世からすでに神の機能分化が始まってはいるが、日本の近代以前の神は原則的には共同体共通の神であった。今日では人びとの生活の複雑化はいろんな機能を分担する神々を要求する。商売繁昌の神、縁結びの神、安産の神、受験の神、交通安全の神、建築の神などなど、それは無際限に増殖しうる。今日における仏神の加護、神だのみの特徴として、およそ次のような諸点を指摘できるであろう。

まず、明治はじめの神仏分離令によって、神と仏とが此の世、あの世のそれぞれの管理者という機能分化をいよいよはっきりさせた上で、さらに神々が機能神化するに応じて今日の神だのみは個人単位のものになっている。共同体の解体は必然的にそれを結果させ促進する。しかも、その神だのみは露骨な現世利益への要求、恣意的個人的な欲望充足への要求として現われている。第三に、現代においてかえってそれの呪術性が顕在化しているといえる。正信と迷信とのけじめなく、東京のまん中で、神のおつかいとしての「白へビさま」の御神水をいただくというようなフェティシズム（呪物崇拝）が多くの信者を集めているのである。

科学文明を原理とせざるをえぬはずの近代社会の中で、その恩恵からはみ出た個人的欲望が、日常的次元での科学的合理主義による生活意識、生活形態とは無関係に、社会と心理との陰湿部にはえるカビのように呪力信仰を再生産する。昔からいわれる「苦しい時の神だのみ」である。ここには現代日本社会全体のせおう難問が露出しているのである。

さらに、重大な問題は明治以来の国家神道である。そしてそれは、今日もなお消滅させえたとはいえず、むしろ強力に復活がはかられつつあるとすらいえる。近代社会は理念的には国家と市民社会とのけじめを立てるものではあるが、日本の近代社会はその両者を未分化のまま融合させてきたといえる。明治以後も一般の人民（ないし市民）は、天皇を現人神と説かれると、昔の共同体の神と同じ意識で、スムーズにそれを受け入れてしまったということがある。国家の命令は神の託宣と同じで、運命的に受容せねばならぬ。これは、日本の宗教一般における「受動性」の、決定的にネガティブな評価をすべき帰結である。何にたいしての「受動性」であるかが自覚的なものにならないのである。そして国家が神のかわりとなれば、当然、国境を越えた普遍的な宗教意識は育たない。ここにも「国家と宗教」の問題の検討が要求されている。

神の啓示

冥界通信

巫女の口寄せ

一八世紀の末から一九世紀のはじめにかけて、四〇年以上も奥羽の農村を巡歴した菅江真澄の『遊覧記』には、死者の口寄せをする梓巫《あずさみこ》のことも記されている（『小野のふるさと』）。梓巫というのは梓でつくった弓の弦をはじき、その単調な音を聞きながら神おろしの呪文をとなえて自己催眠に入り、神がかりになる巫女《みこ》のことで、真澄の記述によれば、こうした梓巫の住む家は柳の枝に糸をかけたのを戸口にさして、しるしとしている。人びとはそれをめあてに尋ねてきて、死んだ肉親の霊をよんでもらい、泣きながら集まって口寄せを聞いている。彼岸の日に村里の道を歩いていると、小さなワラ葺きの家でもの音がして人がたたずんでいるので、なかをうかがうと、目明きの梓巫が弓の弦をはじきながら亡き人のことばをあたかもかたわらにいるかのように語り、いろいろと行末のことも予言するので、人びとは涙をこぼしながら聞入っていたというのである。

口寄せには生霊を寄せる生口《いきくち》と、死霊をよびだす死口《しにくち》と、吉凶禍福を予言する神口《かみくち》とがあるとされるが、こうしたものは現在も各地に伝えられている。たとえば青森県下北半島の恐山《おそれやま》山頂の火口原湖である宇曽利湖畔の地蔵堂では、毎年七月二〇日から二四日にかけての縁日に、イタコとよばれる盲目の巫女が集まり、参詣者の求めに応じて死者の口寄せをする。その状況は近年テレビなどで紹介されて有名になったが、イタコの本場は下北とは反対に青森県西部の津軽地方で、恐山の縁日に多数のイタコが集まるようになったのは、大正一〇年に国鉄大湊《おおみなと》線が開通して盲目の身でも恐山へ来やすくなってからといい、津軽の金木町川倉や、弘前市郊外の久渡寺での口寄せが古くからのものという。

そして東北のイタコの口寄せするのは死後一〇〇日以上たったものの霊魂にかぎられるのに対し、鹿児島県の奄美群島や沖縄の島々でユタとよばれる巫女の口寄せが、死後七日目の新ホトケの霊であることから、おなじ死口でもこの両者はもともと別系統の文化に属し、日本文化の源流を解明するための一つの鍵になるのではないかともいわれる。

一般に仏オロシとか仏のミチアケとよばれるものは、通常は葬式のあと、中陰のあいだに口寄せ巫女にたのんで死者の霊をよびだして語らせることで、死者がこの世に思い残したことを聞いてやるという意味から、これを死者に対する供養の一つとし、この世に残ったものの義務としてきた地方は多い。秋田県の男鹿《おが》半島の村でハナヨセとかナナクラヨセ

恐山のイタコ

とよぶのは、不意の事故やお産で死んだものはこの世にいい残したことが多く、それが往生のさまたげになるといって、おなじ死者の霊を七回つづけてよびだし、巫女への礼米も親戚の女が村々をまわって布施してもらったものでするという。多くの人の協力で菩提を弔ってやるという発想は、先に紹介した流れ灌頂に通じるものがあるが、近畿地方で仏のミチアケとよぶのは、葬式をすましたあと、初七日から三五日までに行ない、そのとき古いホトケとよんで以前に死んだものの霊魂の消息もあわせて尋ねるという。これらの例はユタの口寄せに通じるものがあるといえるだろう。

カヤカベ教の御状

しかし口寄せの対象や方法による分類や、

それにもとづく文化の系統の問題はともかくとして、巫女の口寄せに対する一般の希望は死者の霊との語らいであり、必然的にそれは死者のいい残したことを聞くだけでなく、逆にこの世に残ったものの思いに余る不幸の原因を死者に問うことにもなり、吉凶禍福の予言をもとめたり、ゆくえ知れずになったものの霊をよびだそうということにもなる。

だから、口寄せは外形では生口、死口、神口などに分類できても、その実態は先にみた菅江真澄の記述に示されるとおりであり、それを支えてきたものはひとしく、託宣によって見聞できないことを知り、神霊の啓示を仰ごうとする心情であったとみることができる。

たとえば鹿児島県の霧島山西南麓の村々には、外部からカヤカベ（萱壁）教とよばれる隠し念仏の一派が伝えられている。その詳細は昭和三八年から四〇年にかけて行なわれた龍谷大学の現地調査によってようやく明らかになり、その成果は近く公刊される予定であるが、この教団の大要は浄土真宗の教義と、霧島山を中心とする伝来の山嶽信仰・神祇信仰の習合体である。周知のとおり、薩摩島津藩では江戸時代を通じ、キリシタンや日蓮宗不受不施派《ふじゅふせは》と並んで一向宗（浄土真宗）も禁止され、多くの真宗門徒はたび重なる弾圧に耐え、秘密の講組織をつくって潜伏してきた。だから、長崎県の外海地域の隠れキリシタンが潜伏しているうちにキリスト教とはいえない土俗信仰に変貌したように、カヤカベ教も禁圧をうけた真宗門徒が潜伏しているうちにその一部が変形したものかもしれない。また、逆に早く霧島山を中心に形成されていた神祇信仰と密教の習合した修験《しゅげん》道系のものが、さらに浄土真宗の影響をうけて成立したものなのか、その発生の歴史的由来は明らかでないが、少なくとも幕末維新期には親幸とよぶ教主によって統率され、真宗門徒の講組織とはまったく異質のものであった。

　こうしてカヤカベ教は明治になってようやく公認された鹿児島県下の真宗教団の外縁部に成立した特殊な宗教団体として、真宗教団史のうえでも興味深いものがあるが、とくにここで注目されるのは、この教団がもっとも活動的であった幕末維新期には、「御状《ごじよう》」とよぶ一種の冥界通信をもって信者組織の紐帯としていた点である。一例をあげると、弘化二（一八四五）年二月一〇日の御状には、

　田原郡《こい》惣兵衛子おゆみより娑婆《しやば》世界のととさん《（父）》ははさん《（母）》方へ御状遣被候《つかわされそうろう》、扨《さて》、我々ハあみた女来《（阿弥陀如来）》様の御前にまれ《（へ）》らせ給て、御薬師様の御そは《（側）》やくに《（役に）》つとめ《（勤め）》させて被下《くだされ》、難有事ハかきり《（限り）》なし、……おまれもなからくはおりやら《（お前も永らくは居り）》んことなれは、能々《よくよく》御恩のよろくふ《（を喜んで）》て被下、かれ《（へ）》すかへすも御頼申こし候、

などとある。文中に「郡《こい》」とあるのは集落ごとに秘密に結成されていた信者の組織で、それぞれに「郡親《こいおや》」とよぶものがあって信者をその子方として統率していたから、「田原郡惣兵衛子おゆみ……」というのは、田原の郡の郡親である惣兵衛の子方のおゆみというものが、あの世からこの世の両親に御状をよこしたというのである。

御状における冥界観念

カヤカベ教主の親幸は、御状という名の冥界通信をとりつぎ「郡」ごとに信者に回読させていたが、その場合、親幸の妻の鶴亀というものや、別に杓取《しやくと》りとよばれた教団内の特定の女性が巫女（霊媒）の役をつとめていたようであり、信者たちはこうした秘儀を共有することによって、外部に対して信仰と組織の秘密性を保持していた。したがって、御状は単なる仏オロシの一種として死者の消息を伝えるだけにとどまらず、先の御状のように「お前もいつまでも娑婆世界にいるわけではないから、如来の御恩を喜び、信心に励んでほしい」などと、この世に残ったものに信仰をすすめる形をとっている。

また、文政七（一八二四）年九月二八日の御状は、カヤカベ教がみずからその門流と称している浄土真宗西本願寺の第七世本如の死去を報じたもので、そこには、

> 御上人　釈本如様　御往生　御年八拾七歳
>
> 文政七年きのへ申《さる》、閏《うるう》八月廿三日午の上刻、往生し給ふ、一時の内ニ浄土決定せしめ給ふ、此事、阿弥陀如来様より御伊勢様へ御知らせありて、御伊勢様ゟ《より》霧島六社権現様へ御知らせ、権現様より親幸様へ御知らせあり、此事、末ノ世のため書記置よふにとの権現様より被二仰付一、かよふに書留置候

とあり、阿弥陀如来——伊勢の神（天照大神）——霧島六社権現という、カヤカベ教における冥界の構造が明示されている。

神霊の降臨と託宣をもとめるとき、しばしば審神者（さにわ）の役をするものがあって霊媒に神霊をよりつかせ、神がかりになった霊媒と問答するなかでそのことばを聞きとり、神霊のことばを人間のことばにして伝える。幕末維新期にカヤカベ教の教主であった親幸はそうした審神者であり、霊媒をとおして神と人とのなかだちをする特殊な人格として教団を統率していたが、上記の御状は、彼が霊媒に神がかりさせることによって霧島六社権現などという彼の住む地域の神につながり、そうした目の前にある神を通して伊勢の天照大神を頂点とする神々の世界につながり、そのことによって、さらにその上にある阿弥陀如来につながっていたことを物語っている。こうした冥界に対する観念や、神と仏についての意識は、鎌倉時代の初頭に三井寺の長吏をつとめた公顕僧正が、神明の助力にすがらなければ出離の道もおぼつかないといったという、先に紹介した『沙石集』の話とまったくおなじであり、伝統的な神仏習合思想にもとづいていたことが知られる。

巫女の口寄せとか託宣による冥界通信というと、原始信仰の単なる残留形態として、根拠のないその場かぎりのもののように考えられやすい。けれども、たとえ死者との対話ということもっとも素朴なものであっても、そうした目にみえない霊の声に耳を傾けるということは、それなりに見聞しえないことを知り、神霊の啓示を仰ごうとすることであり、必然的にそこにはこの世とあの世に関するさまざまの観念が表明される。そして、そのような観念は託宣を通じてたがいに確認され、信仰をひとしくするもののなかで整序され、恒久化されてきたのではなかろうか。カヤカベ教の御状が死者の消息を伝えると同時にこの世に残ったものに信仰をすすめ、冥界に関する特定の観念を表明しているのは、このことを物語っているように思われる。

託宣の機能

神仏習合の証

カヤカベ教の御状のうち、死者の消息を伝えるだけの通常のものとはちがって、とくに教団の組織上の問題に関連してだされたものは、その内容の重大さに比例して、それが多くの神の手をへて送達されてきた手続きをこまかに書き上げ、教団の権威を強調している。たとえば文政一一(一八二八)年一一月一〇日の御状は、なにかの失敗で杓取りという教団内の巫女(霊媒)の役を免ぜられた二人の女性が、もとどおり杓取りになることを願って許されたという内容をふくみ、その件について、二人の願いは重大なことなので御聖大明神と上積大明神の二神が八六人の供衆とともに二度と間違いはさせないと起請文《きしょうもん》を書いて霧島六社権現に願い、それを受け取った霧島六社権現は自分一存ではできないといって日向の大当の権現以下の三神と相談し、二五一六人の供廻りと起請文を書いて伊勢の神に願い、伊勢の神は五〇三二人の供廻りと起請文を書いて阿弥陀如来の取次役に願い、取次役は供廻り二万六五人とことばをそろえ、起請文を書いて如来にさしだした。すると如来は、二人をもとどおりにするといっても、そのためには信徒の名や役目を書いた手もとの帳面を全部つくりなおさなければならないが、それでもよいかといったので、二万六五人の供廻りは仰せのとおり新しく帳面をつくりなおしますと連名して誓い、ようやく許可になったとある。

こうした内容の御状が、教団内の重大決定として、つつしんで聴聞《ちょうもん》している信徒の前でよみあげられた情況を想像すると、封建的抑圧のもっとも厳しかったといわれる薩摩藩の、幕末期における大隅・薩摩国境付近の農民たちのまことに素朴な信仰がうかがわれるが、もともと仏は神々の世界を否定するのではなくてその上に立つものであったから、神々の霊威はそのまま保持されて神の託宣はたえずくりかえされ、逆に神の託宣は神と仏の緊密な関係をさまざまな形で再生産しつづけてきた。カヤカベ教の冥界観もその末端につながるものといえるだろう。御状とよぶ一種の冥界通信がその教団で果たしてきた役割と、そこにみられる冥界観がそのことを示している。

仏はこの世と隔絶した永遠の存在である。けれども、仏は神々を統摂し、神がそれを託宣することによってこの世につながっていた。すでにのべたように、神仏の習合は神人不分離とよべる意識と、それにもとづく仏との連続感によって支えられてきたが、それを表明するのはほかならぬ神の託宣であり、人々は神の託宣によってそのことを確認してきたのではなかろうか。

もちろん、その間にあって時代社会の展開はそれなりに反映してきた。かつて本地垂迹や王法仏法の両輪が説きだされたとき、神は仏の応化であり、化身とされた。これにくらべてカヤカベ教における神々は、仏の家臣のようにあつかわれ、教主の親幸と阿弥陀如来との中間にある取次役のような地位しかあたえられていない。

こうした神の地位の相対的な低下は、かつて神々の世界を直接に背景とした古代国家の体制のもと、朝廷の権威をじゅうぶんに承認していたものと、そうでないものとの違いであり、そのような事実も歴史もまったく関知しないはるか後世の、西南日本の農民たちの意識との差にもとづくといえるだろう。しかし、それでも、神々は託宣をやめないかぎりは仏によって統摂され、神仏の習合はそれなりに再生産されつづけたといえる。

託宣と夢想・夢告

歴史上もっとも早く仏教と結び、しばしば強烈な託宣を発したのは八幡神であったが、鎌倉時代の末に散逸したこの神の託宣の文を旧記から拾集し、『八幡宇佐宮御託宣集』という書物を編纂したのは、当時、宇佐八幡宮の学頭として豊前宇佐の弥勒寺に住した神吽《じんうん》という僧侶であった。彼はその巻三の序文のなかで「仏位ニ於テ説キタマフヲ経教ト名ヅケ、神道ニ於テ説キタマフヲ託宣ト称ス」と記し、「仏ハ則チ有形ニシテ教へ、神ハ則チ無相ニシテ宣ス」と記している。仏像によって親しくその姿を拝することのできる仏は、経文という見ることのできるもので教えを示しているのに、仏の化現である神は目にみえるものをもたず、託宣によって神慮を啓示するというのである。

この書の巻一二によると、文永一一（一二七四）年三月、神吽が弥勒寺で参籠中に八幡神が白雲に乗って示現し、「汝、無上ノ道心ヲ発スベシ、吾モマタ発スベキナリ、又、無上ノ道心ヲ発サム人ヲバ守護スベキナリ」と宣したといい、建治二（一二七六）年閏三月には、神前で真言を唱えていたとき、八幡神が僧形になって神殿の高欄に現われ、「境静ナルトキハ智モマタ静ナリ」と宣し、このときは目を開けると見えず、目を閉すと見えたとある。神吽はこのときの体験がもとになって、後に『託宣集』の編纂を思いたったといわれるが、人が神がかりになって神言を発するときだけでなく、こうした夢想・夢告の類も神霊のほうから人間に向かって働きかけることである。このことは童謡《わざうた》などとよばれて民間に流行する歌謡のなかに神意がうかがわれるとしたり、あらかじめ結果を約して神意をうらなう卜占などにも通じるが、これらの神霊の活動は人が自ら問題をもって神の前に忌みつつしみ、一歩退って神霊の来臨を待ちうける気持が強いほど強烈に発揮される。神吽が神の託宣をもって仏の経教に対比させたのは、このように具体的な形でなされる神意の発動が、人間の思想の形成に果たしてきた役割を正確に評価するものといえよう。

もっとも、託宣と夢想・夢告の類とを対比すると、神がかりになったものの発する神言が真実と認められるためには、彼らの周囲に信仰をおなじくするものの集団がなければならない。託宣は信仰をおなじくするものの集団、なんらかの意味での共同体の存在を前提にしている。これに対して夢想・夢告の類は上記の神吽の体験にしても、史上有名な親鸞における六角堂の夢告や、一遍の熊野証誠殿における百日参籠にあたっての示現にしても、いずれもすぐれた個人の内面の問題と深くかかわりあって成立したと説かれてきた。しかし、だからといって、託宣が個人の夢想・夢告よりも宗教的に低次のものといいきることはできない。

神の啓示は今日ではすぐれて人間の内面の問題、内面の声として存在しているけれども、かつての時代にはそれは奇蹟とか奇瑞とよばれるものそのものであり、人びとはだれしもがそれとわかる具体的なものをもって回心の機縁としてきた。たしかに仏教諸宗派や神道諸派の祖とよばれるほどのすぐれた個人が、独自の教学を樹立する機縁になったものは、ただ一度しか成起しない個性的なことがらである。けれども、そのことは社会からまったく隔絶された場で起こったのではなかった。その背後にはつねに信仰をおなじくし、くりかえし奇蹟の発現を待ちうける集団が存在してきたのである。

神々の世界

託宣の虚実

『日本書紀』には仲哀天皇が神功皇后と九州の熊襲《くまそ》征伐におもむいた途中、皇后が神がかりしたが天皇はそれを信じなかったため戦いに勝つことができずに崩じた。そこで皇后は斎宮にこもり、武内宿禰《たけのうちのすくね》に琴をひかせ、中臣烏賊津使主《なかとみのいかつのおみ》を審神者《さにわ》にしてふたたび神がかりし、先に託宣した神の名を知ろうとしたという話がある。おなじことは『古事記』にもあり、このときの託宣がきっかけとなって有名な三韓征伐が開始されたと伝えられるが、職業的な巫女が神がかりするときはあらかじめよりつく神の名はわかっているけれども、不意に神がかりが起こったとき審神者の役をするものはまず最初によりついた神の名をたずねるとされてきた。それはよりついた神が真神か偽神かを判定し、託宣の虚実を判断する第一の手がかりになるからである。

神々の世界を直接に背景としていた古代律令国家のもとでは、道鏡を皇位につけたら天下は治るであろうという有名な八幡神の託宣のようなものだけでなく、それこそ日常的に無数の託宣が全国の神々から発せられ、それぞれについて虚実を判定することは政治的に重要な意味をもっていた。たとえば正税帳というのは、毎年、国ごとに中央へ提出した収支決算報告であるが、正倉院に伝えられている天平一〇（七三八）年の「周防国正税帳」によると、熊毛神社以下の三神に神命によって稲八〇束を納め、玉祖《たまのおや》神社の禰宜《ねぎ》玉作部《たまつくりべの》五百背《いほせ》に稲二〇〇束を給し、また神命によって天平八年から一〇年まで田租三九石二斗八升を免じたと記されている。

神命によるとある以上、いずれも託宣などの形で発せられた神の要求によって国庫から支出したわけであるが、このようなこまかな経済的要求までふくめて、神託があったからといっていちいち応じていたのでは、政府として統制がとれなくなる。とくに地方の神々は、いずれも大化改新以前にはそれなりに自立性を保っていた地方の名族の後裔たちが祭祀をつかさどっていたから、神託のなかには律令政府として好ましくないものも多かったと想像される。そのため中央には神祇官のなかに大宮主《みやじ》、中宮と春宮に宮主、大宰府と伊勢の斎宮寮に主神《かんつかさ》がおかれ、それぞれト部を率い、ト占によって神託の虚実を判定することがあった。先の『宇佐託宣集』によると、宇佐八幡宮では託宣があると国司・神官・神人・氏人たちがこれを承って書きしるし、中央に報告するときはト占によってその真疑をうらない、疑託とされたものは墨字、真託とされたものは朱字で書いたとあり、これを『公家定記』とよんだらしい。

こうして古代律令国家の体制のもとでは、託宣の虚実の判定は、神々のなかの神の子である天皇を頂点とする律令政府の手で行なわれた。律令政府は単に世俗の権力であるだけでなく、全国の神を統御する権能をも保有していたのである。だから、平安時代になって律令政府の力が衰退したのと並行して神仏の習合が進行し、神の託宣は仏教教団の管理するところになった。僧侶たちはしばしば審神者の役をつとめ、密教の教理を援用して神託の解釈と権実の判定をなし、真託はもとよりのこと、かつて疑託とされたものも神の諷諫としてそのなかにかくされた方便を探ろうとした。本地垂迹や王法仏法両輪の説をうみだした神仏の習合は、僧侶たち、したがって仏教教団による託宣の管理によって、もっとも具体的に示されている。

神の摂理

しかも、このころになると、文献記録のうえでは託宣よりも個人の信仰生活の告白としての夢想・夢告の事例が多くなる。『宇佐託宣集』でも巻一二に収められた天禄三（九七二）年のものを最後に厳密な意味で託宣らしいものはなく、編者の神吽は「今、宣絶ヘテ年尚《ヒサ》シ」とのべている。しかしこうした傾向は、文献に記録される機会を多くもった貴族・僧侶・神官など知識階級のあいだで集団的な信仰の即自的な共同を前提とする託宣が消えはじめたことを反映しているだけで、庶民のあいだでは託宣は活潑につづけられた。神仏の習合は上層支配者たちの個人的な夢想・夢告の類と、庶民たちのあいだでの託宣という二重の構造によって支えられることになった。

たとえば、鎌倉時代の初頭に関白九条兼実の弟として天台座主であった慈円の著わした『愚管抄』は仏教的世界観のもと、道理にもとづく歴史の展開をあとづけた史論として有名であるが、彼はそのなかでとくに伊勢・春日・八幡の三神の霊託をあげ、天照大神の子孫である皇室、春日明神を氏神とする藤原摂関家、八幡大菩薩を氏神とする源氏の創始した幕府の三者が協調すべきことを力説している。慈円は承久の乱の直前、朝幕関係が次第に緊張度をたかめるなかで、後鳥羽上皇の討幕計画が歴史の流れにそむき、神意にもとるゆえんを指摘し、それを諫止《かんし》する目的でこの書を著わしたが、その動機は彼が建保四(一二一六)年正月に得た霊告によっており、さらに乱の前年の承久二(一二二〇)年の再度の霊告で確信を深めたという。またこれより前の建仁三(一二〇三)年六月二二日の夢想によって、源平二氏の壇ノ浦の合戦に剣・鏡・璽の三種類の神器のうち宝剣が海中に失われたことの意味をめぐって、武家政治の到来に関する彼の思索がはじまったといわれている(赤松俊秀『鎌倉仏教の研究』)。

ここで説かれている伊勢・春日・八幡三神の役割と地位は、先に紹介したカヤカベ教における神のそれと本質的につながるものがある。『愚管抄』の史観は仏教の理論にもとづくものでありながら三神の霊託を説き、神秘的色彩がきわめて濃厚であると評されるけれども、慈円としては、ほかならぬこの世の歴史を考えようとするかぎり、人の営みを照覧してきた神の摂理を考えずにすますことはできなかったといえるだろう。慈円における神も、カヤカベ教における神も、もともと仏によって統摂されつつこの世を支配してきた神というおなじ根から発したものであり、この世における神の働きを確認し、それを思想として表明する契機が集団内の託宣によるか、個人の夢想・夢告にもとづくかは、副次的な相違にすぎない。

しかもカヤカベ教の場合は、幕末期の大隅・薩摩国境付近という封建制の諸矛盾があますところなく露呈されながら、それをみずから克服しうる曙光さえないという辺境地の農民たちが、ひたすら後生の安楽を願うところに成立したものであった。これに対して慈円の生きた中世という時代は、まことに異常な事態の連続であった。それは古代的体制の解体だけでなく、それを克服するなかで成立したものも、つぎつぎとより新しいものによって踏みこえられる流動の時代であった。ここに法然から親鸞にいたって絶対者の慈悲に帰依する信仰が結晶する一方、この世のことに関して神の霊威があらためて待望されたのは当然であり、慈円の場合は多く後者に属するといえるだろう。

神仏の分業

中世神道では三社託宣とよばれ、伊勢・八幡・春日の三神がそれぞれ正直・清浄・慈悲を本旨とすると説かれたが、これはけっしてこの三神だけにかぎらなかった。たとえば、さきにもあげた鎌倉時代の説話集である『沙石集』には、承久の乱のとき尾張国の熱田神宮では戦火をおそれた人たちが境内に集まり、築垣のうちまで家財道具を運びこんだが、そのなかには最近に親に死別して服忌中のものがあり、産の穢れにあたる女性もまじっていた。しかし神官たちはこれを制止することができず、神意をうかがってみる必要があるといって神楽を奏し、一同が祈請したところ一人の禰宜に神がかりして「我、天ヨリ此ノ国ニ下ル事ハ万人ヲ育《ハグク》ミタスケン為ナリ、折ニコソヨレ忌ムマジキゾ」と託宣があったので、一同は神明の慈悲に随喜したという話が伝えられている。

中世に神明の慈悲が強調されたことの意味については先にのべたが、この世にあって人びとが異常な事態に遭遇するほど神の霊威は発揮され、種々の奇蹟や頻発される託宣、夢想・夢告の類を契機として人の世のことが神々の世界に投影され、人の世の徳目がそのまま神の本旨とされることになった。そして中世の武家政治の開始とともにはじまった社会の激動のなかに神明のはからいを感得し、それをなによりも重視するところから神を主とし、仏を従とするいわゆる反本地垂迹の説さえ現われ、それほどでなくとも日本をもって神の国とする神国思想が一般化しはじめた。

この神国思想は鎌倉時代中期における蒙古の襲来、とくにそのとき、たまたま起こった二度の大風で敵船が覆没したという奇蹟によって急に有力となり、末法の世に仏法の威を増すために神明が方便として異敵の難を起こし、神剣をふるい給うたとして、神国であるから蒙古が襲来したという奇妙な論まで現われたが（『野守鏡』）、南朝の忠臣である北畠親房の『神皇正統記《じんのうしようとうき》』や、南北朝内乱を叙述した『太平記』などには日本を神国として、「神明の威徳」や「大小神祇宗廟の冥助」が力説されている。けれども、このような思想はけっして突然に現われたものではなく、すでに『愚管抄』における伊勢・春日・八幡の三神の霊託のなかにも存在している国土の宗教的神聖視の強調であり、神仏の習合のもと、神は仏の統摂をうけながら、目にみえないけれどもこの世にあって人の営みを照覧しているという、伝来の信仰にもとづいている。また、こうした信仰のおもむくところ、真宗教団にあってさえ、鎌倉時代の末から南北朝内乱期にかけての本願寺第三世の覚如とその子の存覚の時代には、本地垂迹の説と神国思想を教義のなかにとりいれている。

このことは、真宗の教義からみれば後退であるけれども、社会の激動が倍加するほど神の働きを無視できなくなったことの現われといえるのでなかろうか。ともあれ、こうして中世を通じてたかめられたこの世における神の働きに対する関心は、やがて武家社会の完成につれて儒教の影響もうけいれて定着し、この世のことは神に、あの世のことは仏にという、神と仏のあいだの一種の分業ともいえる形態を用意することになったといえよう。

神と人との出会い

日本仏教の性格

本地垂迹説による日本の仏教と神道との習合が制度的にどのようなものであったかは、この章でのべた、神々の「託宣の虚実」の判定は仏教僧侶の役割であったということで、さらに明らかにされたと思う。しかも、国家の政治に関係する神々の託宣の真偽を判定する仏教者そのものは、前の章で実証されたように国家の権力によってその資格を与えられねばならなかった。日本仏教の歴史的な性格はおよそこのようなものであった。明治のはじめの神仏分離も、国家神道のためにもっぱら国家の手によって政治的に行なわれたものであって、宗教としての仏教がみずから行なったものではない。

むしろ仏教教団のほうから国家権力の保護に恋々とし続けて、制度的には政治から一応自由になった今日も、宗教の精神的内容そのものとしては明治以前からの惰勢が続いているといってよい。日本文化の根本が雑種であることを進んで評価しようとする加藤周一氏が、「本地垂迹はつまらぬものである。しかし日本仏教はつまらぬものではない」(「日本文化の雑種性」) といったように、両者をきり離して問題を考えることは、日本仏教の歴史的・政治的性格がそれを許さないともいえよう。しかも、それにもかかわらず、日本仏教が真につまらぬものでないとすれば、それは日本仏教史上の天才たち、また彼らに従った無数の仏教信者たちの仏との「出会い」の真理性によるであろう。

神や仏という絶対的実在との「出会い」が「啓示」であり、神道ではとくに「託宣」とよばれる。啓示は、宗教ないし宗教的体験の特異性と独立性とを確立させる、その根本的な範疇の一つである。神の人間への現前という啓示の事実がなければ宗教は成り立たない。もしそれがなければ、たとい神や仏を口にしても、それは、たとえば哲学者カントが宗教を倫理の極限に要請したような、広い意味での文化主義、人間主義の立場を脱することはできない。

最大の宗教的文学者の一人であるトルストイも神の啓示を求めて悪戦苦闘したといえる。啓示がなければ、文化主義の神はどこまでもイデアないし観念の世界のものにとどまり、直接的な実在性をもつものにはなりえない。むろん、宗教のもつ直接性は観念（表象）や行為による表現の象徴性によって媒介されざるをえない。だが、その根本の出発点は啓示の直接的な事実性にある。日本の仏教も神道も、それによってこそ宗教たりえてきたはずなのである。

啓示の真偽基準

啓示は神の意志の人間へのコミュニケーションである。その通路はおよそ考えうるかぎりに多様でありえよう。外面的には、オミクジ、書物、予言者や身体的・心理的異常者の言動、嵐や疫病のような自然現象などが啓示の通路とされる。また一層主観的には、神託や霊感、召命や直覚、夢や幻覚、エクスタシーやエンシウジアズム（神がかり）などもある。心理学的には、宗教的情熱はテンカン質とか性欲の昇華とかで解釈されたりするのである。

しかし、これらの宗教的体験のすべてに共通する、啓示としての資格は、そこに神にたいする「受動性」があることである。さきにあげた梓巫や杓取りの巫術《ふじゅつ》は呪術のうちでももっとも原始的なものの一つであるが、それが呪術のみにとどまらぬ宗教性をもつのは、それが神のほうからのコミュニケーションを受動的に受けるものだからである。また啓示が啓示たるためには、それを受けた人間の側に、発心《ほっしん》、回心《えしん》（廻心）、召命などの宗教的現象が発動しなければならないであろう。

およそ啓示の真理基準として、どのような尺度を考えうるか。むろん当事者にこの問題は無用かも知れない。しかし、六角堂での夢告に感激して専修念仏に徹底した親鸞が、なお八五歳の晩年に、その『正像末法和讃』という内容的には浄土教のいろはといえるものを、「ユメニ、オホセヲカフリテ、ウレシサニカキツケマイラセ」ているのである。啓示の真理基準の一つとして、このような「心理」的次元のものがあり、それは主観的なものであるだけにくりかえされねばならないであろう。

むしろ古代トラキアのディオニソス（バッカス）の宗教でのように、集団的な狂乱の状態によってこそ、啓示の心理的実在性は保証されるかも知れない。啓示の真理性を主観的心理的なものにのみ求めるかぎり、フォイエルバッハ、さらにはとくにフロイトによってなされたような、宗教は人間心理の投射による幻想であるという批判に答えようはないであろう。

そこで、社会学者デュルケームがなしたように、宗教の対象たる神は実は集団自体、つまり社会そのものであり「宗教的儀礼は社会集団がみずからの存在を周期的に再確認してゆく手段なのである」という、「社会」性、社会統合のための有効性をも、啓示ひいては宗教の真理基準にとらねばならない。しかし、このような社会的基準はデュルケーム自身認めるとおり、宗教は真理的投射、集団の規模における心理的投射であるということを前提にして成り立つものである。そこでさらに「歴史」性ということが啓示の真理基準としてもとめられる。特異なキリスト者である一七世紀のパスカルは、決定的回心ののち、「首を斬られることを辞さない証人をもつ歴史しか私は信じない」と書いた。またヘーゲルはキリスト教（ルターのプロテスタンティズム）の観点から世界歴史を論理化しようと試みた。

宗教の真理基準として、歴史的首尾一貫性、そしてそのための歴史哲学も要求されるといわねばならない。この意味で慈円の『愚管抄』は、その内容は問わず、正当な作業であった。むしろ、日本の仏教も神道もいくつかの例外的試み（北畠親房『神皇正統記』、本居宣長『古事記伝』など）を除いて、一般に歴史哲学を欠かざるをえなかったことを、その真理性のための大なる欠陥とされねばならない。昭和の国家神道がドイツ観念論哲学者たちによって構想させた「大東亜共栄圏の理念」なる歴史哲学がどのようなものであったかは、いまだ記憶に新しいところであろう。

しかし日本の宗教は、理論の次元ではなく生活の次元において、神仏習合の歴史としてともかくもその歴史性を維持してきたのであった。

神と人との出会い、啓示の真理基準として、心理性、社会性、歴史性のおよそ三つの尺度のいずれもが必要であり、それらは相補しあわねばならないのである。この三つの尺度はたがいに深い関連をもっているけれども、日本の仏教はとくにその社会性において欠け、その面はほとんど神道にゆだねきった感があった。これがさきに「神仏の分業」と呼ばれたものの意味である。

啓示のありかた

キリスト教は、神の絶対的な啓示であるイエス・キリストの受肉（インカネーション）によって成立した。神が人となったというただ一回の歴史的事実の上に、キリスト教のすべてはかかっている。そして、ダマスコ門外のパウロにキリストが示現しなければ、あるいはローマの迫害からのがれるペテロが「クオ・バ・ディス・ドミネ（主よいずこへ行き給ふ）」と問いかけさせられなければ、さらにはミラノの庭のアウグスチヌスに子どもらが「取りてよめ、取りてよめ」と歌わなければ、キリスト教会は成立し持続されなかったであろう。そしてキリスト教はその心理的・社会的・歴史的な真理基準のすべてを実現してきたようにみえ、それにはキリスト教の神の超越性が大いに作用したといえる。

しかしキリスト教はまた、その真理性の貫徹のために、多神教徒を都会から村（パゴス）に追いやって異教徒（パガニ）として排撃し、また宗教裁判を設けて異端を弾圧せねばならなかった。たとえば、一四〇〇年から一五〇四年までに三万人の「妖術者」が焚殺《ふんさつ》され、一五七五年から一七〇〇年までに一〇〇万人が罪せられたという（ロニー『呪術』）。

歴史的なキリスト教もまた実は、仏教とはちがった意味で、その社会性のありかたにおいて何物かに欠けるところがあったといわねばならない。宗教的な寛容も不寛容もともに、宗教の社会的真理基準を普遍性の規模において充足しがたいのである。ここには、宗教の権威ないし宗教教団の権力の問題が内包する根本的なディレンマがあるといわねばならない。

このようなディレンマを悩む必要のないのが、日本の古い村落共同体の神々の宗教であった。柳田国男氏がそれに郷愁をいだきつづけたのは自然なことである。そこでは神は集団全体に示現し、神の託宣は共同体そのものに与えられる。そこでは家父長制にせよ母権

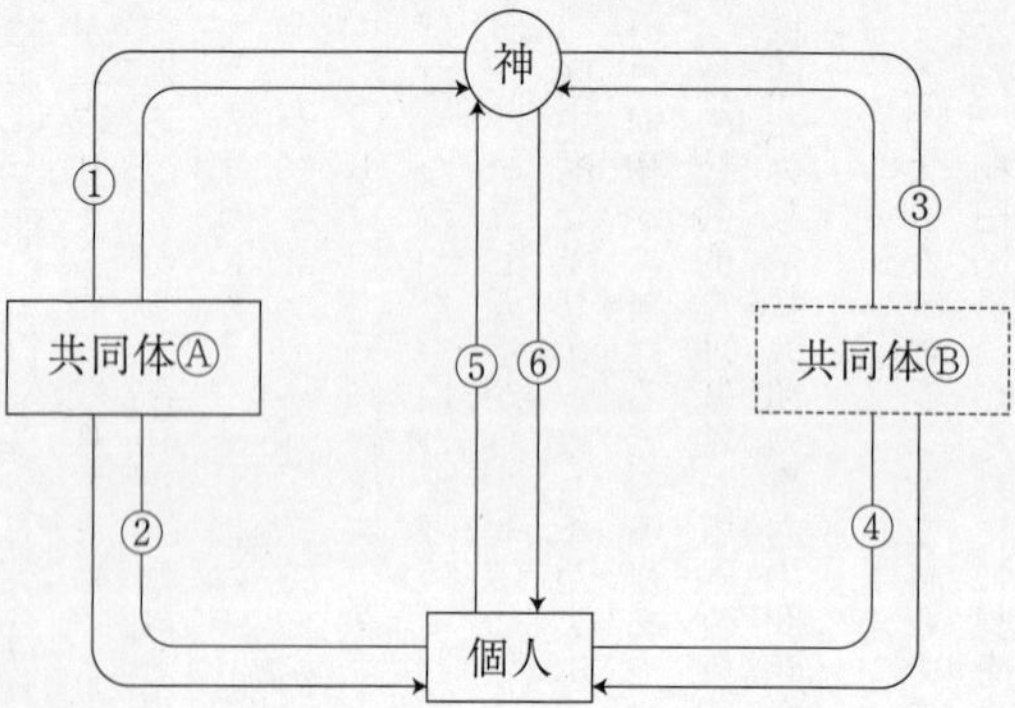

制にせよ、個人と集団との原理的な分離はない。

これに反して、キリスト教における啓示はすぐれて内面的なものとされ、個人がその内面の奥底において神と出会うとされる。個人と自然的・世俗的共同体とは原理的に切れている。しかしもし完全に内面にとどまるならば、それは神秘主義に終わるであろう。キリスト者たちの回心は絶対的に外なる神の内なる召命であった。絶対的なる外と内とが奇蹟的に一枚になり、しかも人はただちに外なる伝道へとうながされる。それは、「神の国」なる新たなる共同体、教会ないし教団を通しての、あるいはそれを作らしめる形での啓示である。たびたびくりかえしてきたように、仏教は自然的な共同体により密着したものではあるが、仏教が個人に廻心を要求する限り、仏教者の廻心もほぼこれに近いとはいえよう。

そこで、啓示と回心（廻心）とのありかたの箇略化した類型を図示すれば、およそ前頁の図のようになるであろう。共同体Ⓐは村とか国家とかの閉ざされた有機的社会、共同体Ⓑは教会ないし教団を示す。後者は理念上は開かれた有機的社会というパラドクシカルな課題をせおっているものである。①は神道的な託宣であり、②はたとえば東北の出羽三山における密教的なミイラ仏の入定《にゅうじょう》信仰の形である。③はキリスト教や仏教のような普遍宗教における啓示であり、④は浄土教的な入水往生とか補陀落《ふだらく》渡海とかのような信仰形態を示す。⑤は倫理的ないし美的文化主義が要請し構想するイデアリスムであり、⑥は神秘主義である。

現代のメカニックになった社会においては、①や②の形での宗教は成立困難にならざるをえない。また、現代人が自覚的に宗教的要求をいだく場合でも既成教団ないし教会への不信感は、⑤あるいは⑥の形の宗教を求めることが多いかも知れない。現代日本において、神の啓示はどのような形をとっているであろうか。ここに新興宗教の問題がある。

戦後日本と新興宗教

よく指摘されることだが、わが国の各種宗教の信徒数の合計は総人口よりも多い。文部省文化局調べ、一九六六年末のそれは一億六五五二万人にあまる。神道系信者六七一六万人、仏教系信者七三四六万人、この両者がダブっていることはいうまでもない。キリスト教系信者六八万人、各種諸教系信者四九二万人、むろん教団、教会に所属しない神道・仏教・キリスト教その他の信者もいるであろう。これが日本の宗教生活における重層信仰の奇妙な実状である。たとえば結婚式。まず仏壇の先祖にお線香をあげて報告し、教会で「近代的」な式をあげ、新婚旅行のさきざきでお宮やお寺におまいりする。現代の大方の日本人にとって、宗教は生活の表層を飾るアクセサリーのごとくである。

これはむろん、一面では、現代日本人が幸福な国民であることを示している。宗教はもともと、機能社会学的にいえば、人間存在の根本的な不条理を特徴づける、さまざまな形での「偶然性」や「無力さ」や「欠乏」に対応してゆくための基本的なメカニズムと考えられる。一般の日本人が切実な宗教的要求をあらわに示さずにすむのは、それら人生の不条理において、あまり欲求不満を持たずにすんでいるからであろう。日本人は、その「文化」と「社会組織」と「パーソナリティ」の世俗化（合理化）が進む過程のなかで、それぞれの幸福を享受して、不条理の限界点でウェーバーのいわゆる「意味の問題」に直面せねばならぬような不幸は免れることができているのであろう。

だが、みんなが「意味の問題」を免れる幸福な生活の中にいるわけではない。とくに「社会組織」のなかでの「偶然性」や「無力さ」や「欠乏」に苦しむ人の数は増しこそすれ減りはしない。戦後における数知れぬ新興宗教団体の飛躍的発展は、そのことを如実に物語る。たとえば創価学会員は一三五〇万人（一九六六年末現在）を数えるのである。社会的統合の原理としての宗教の機能が新興宗教においてこそ生きて働いているといえる。

日高六郎氏は、日本の民衆をその社会的性格から、伝統的価値意識の中に埋没している「庶民」、近代的自我意識に目覚めようとする「市民」、大衆社会の中で疎外された「大衆」、反体制的な組織の中で未来の社会をめざす「人民」という四類型に分類し、作田啓一氏はこれらのそれぞれに特有の孤独の生態を丁寧に分析している(「孤独の諸形態」)。伝統的な共同体の解体と人口の都市集中化とは、「庶民」を必然的に「大衆」ならしめ、この根を断ち切られたアトム的な個人は、巨大企業や労働組合などの官僚制的「組織化」の中でかえって疎外され孤立化した「孤独な群衆」になる。しかも、このような「組織化」からもふるい落とされて、いわば二重に疎外された大衆もけっして少なくはないのである。大衆社会のなかでは、孤独はもはや決定的にプラスの価値ではなく、大衆は自分をまるごとインテグレイトしてくれる性質の組織に飢えているのである。

新興宗教と啓示

しかも既成の各宗教教団が、このような意味での「社会性」、「組織化」のエネルギーを発動しえないとすれば、現世利益を正面におし立てるさまざまの新興宗教教団が「孤独な群衆」を吸収するのは当然であろう。高木宏夫氏は、新興宗教を大衆思想運動とみる観点から明治以後の新興宗教のすぐれた分析を行なっている(『日本の新興宗教』)。

どんな時代にも、「さきゆき不安」を感じている個人があり、教祖的な人間が存在するが、そのような個人がきわめて多数になる社会的条件が生まれると、各教団は飛躍的な発展をとげ、中でも特に時代の要求に合致した教団が爆発的な発展をとげることを、高木氏は、戦前戦後の各新興宗教教団の大衆組織化の消長によって実証したのである。

しかし、ここでの問題は、それら新興宗教の教祖と信徒とにおける「啓示」のありかたである。日本の新興宗教はいずれも伝統的な仏教あるいは神道から派生した団体であるが、その教祖のほとんどは「神がかり」によって立教していることが注目されねばならない。戦前からの天理教の教祖の中山みき、金光教の川手文治郎、大本教の出口なお、戦後に発生あるいは発展した、踊る宗教の北村サヨ、霊友会の小谷喜美、世界救世教の岡田茂吉、立正佼成会の長沼マサら、いずれもそうである。創価学会は、教祖の牧口常三郎が価値論の理論家、それを助けた戸田城聖が実業家であったから、古い民間信仰的な「神がかり」によって立教したものではない。二人は日蓮正宗の折伏《しゃくぶく》による大石寺での「回心」の体験から出発していて、その意味で近代主義的である。したがって、折伏をうけた会員信徒もまた全体的（全人格的）な回心を要求されることは、よく知られているところである。

新興教団のなかで一〇〇万をこえる信徒を擁する大教団、天理教、霊友会、生長の家、PL教団、立正佼成会、創価学会等はすべて、理論（教理）と実践（組織）とそれぞれの体系化を示した教団である。つまり、さきに使ったいいかたをすれば、「歴史性」と「社会性」の真理基準をみたす努力を行なった教団である。戦後、その両面において成功し、しかも「心理性」においてもカリスマ的人格を会長に持つことができた創価学会と立正佼成会とが大躍進をとげたのであった。もはや「神がかり」のような「心理性」の基準にのみ依存せざるをえないものは、現状を限度として、今日の大衆をひきつけることはできないといえよう。もともと、「神がかり」が宗教性をもちうるには、まずあらかじめ同一心情の集団、共同体を前提しなければならず、それの喪失こそ今日の大衆社会状況が露呈させているものなのだからである。

産土神の伝統

村落の景観

村と耕地の変貌

近代以前にあっては、祖先たちの大多数は村落の生活を営んできた。ここで村とか村落というのは自然村ともよばれる村落共同体のことで、村ごとに営まれてきた生活の共同を除外して祖先の信仰生活を考えることはできないが、そうした村のありかたは、かつては内容的にも外観上も現在とはよほどちがった姿をしていた。

旧村とよばれる江戸時代の村、近世郷村制下の村は、国の中央部では多くそれ自身で一つの村落共同体を構成し、たいていは明治以後、町村の大字や区とよばれるものになっている。こうした行政村の下にある村落共同体としての村の数は、どの範囲をもって村落共同体とみなすかという基準のとりかたで、人によって推計に相当の開きがあるが、一説によれば全国で一八万ほどあったという。そして、そのうちの三分の二から四分の三までが室町時代中期、一五世紀以後の開拓によってできた村で、それ以前からの村は全体の三分の一から四分の一ほどしかないといわれる（柳田国男『日本農民史』）。こうして中世以前には村の数はきわめて少なかったが、同時に村の立地する場所もかぎられていた。

というのは、日本は島国であるとともに山国であり、内陸部で急に高い山地になっているため河川の流れは速い。それにアジア季節風帯に属して雨が多いため、河川はつねに大量の土砂を流しだしてきた。このことを逆にみれば、時代を遡るほど河川の沖積作用による平野の造成度がいちじるしく低いことになり、現在では国土の二四パーセントが平野といわれるが、その比率は以前ははるかに少なかった。とくに大河川の治水工事が進んで海岸平野の開拓が本格化したのは近世になってからで、今では穀倉地帯とよばれ、あるいは都市が発達して人口の大半が集中している海岸平野も、中世まではほとんど海の底か、河川が乱流して人の手におえない低湿地であった。

農業をもって主産業としてきた近代以前にあっては、居住空間の拡大は耕地の造成を基軸としてきた。その過程をみると、古い時代のことはわからないが、一〇世紀の『倭名類聚抄』に記されている全国の総耕地面積は八六万二千町歩で、一四世紀の『拾芥抄』には九四万六千町歩とあり、その間の四〇〇年に八万四千町歩、約一割の増加である。ところが、これにつづく四〇〇年をみると、一四世紀に九四万六千町歩あったのが一六世紀末には一五〇万町歩となり、一八世紀初頭には二九七万町歩となって、約三倍になっている。

これ以後、特に明治以後の増加をふくめて現在の耕地が約五〇〇万町歩といわれていることを考えると、一四世紀以後、特に一五世紀後半から一七世紀末までの、中世末から近世初期にかけての耕地の増加がきわめて急速であったことが知られる。

河川の沖積という自然の働きは毎年おなじでも、それを利用して耕地を造成することは人間のすぐれて歴史的な営みである。中世末から近世初期にかけての耕地の急増は、戦国から近世幕藩体制確立にいたる強力な統一政権の形成と深い関係があるが、それは直接には沿岸デルタ地帯での大河川の改修に並行する大規模な灌・排水工事や、内陸部での溜池・用水路網の整備にもとづくいわゆる平場農業の拡大によっていた。

近世初頭の開発

京都の祇園祭をはじめ、各地の都市の祭礼には鉾や山車の巡幸がなされてきた。それらは四輪や三輪の車をもつ屋台を豪華に飾り、大勢の囃子方が乗りこんで祭り囃子を奏しながら町を練る。こうした祭礼には昔から「祭り道楽」とよばれる愛好家がどの町にも住んでいたが、なかでもほんとうに祭り好きとよばれるものは山車の囃子や飾りつけを愛好するだけでなく、同好者が集まって町角で待ちうけ、つぎつぎにやって来る山車が町角で曲るときの技術の巧拙を品評し、今年はどこの山車がいちばん上手であったなどといいあうのを無上の楽しみとした。車方とか手伝方とよばれて山車の運行をあずかる職人たちも、そうした批評にこたえて技術を競い、どこそこの山車の車方の宰領をするといえば、仲間うちで顔がきいたという。

人の背ほどもある車輪をもち、大勢の人をのせた重い山車を無事に運行し、とくに狭い町角で見物人に怪我のないよう、テコやコロをたくみに使って方向転換するのは熟練のいる仕事であり、こうした重量物運搬の技術は、近代的な機械が登場するまでは土木建設事業に絶対に必要なものであった。そのはじめは、おそらく大和朝廷の時代に大陸から伝えられて屯倉《みやけ》などとよばれた朝廷直轄地の開発や、古墳の築造などにも用いられたろうし、律令時代になって東大寺大仏殿をはじめとする寺院や宮殿、都城の造営に使われたろう。けれども、古代後半から中世にかけて耕地造成の歩みがきわめて遅かったことが示しているように、こうした技術は律令国家の解体が進行したのちも荘園領主として中央にあった貴族や、とくに寺院のもとに掌握され、彼らの居宅や寺地、伽藍《がらん》の建設や維持に使われて、生産的なものに用いられる機会に乏しかった。他方、この時代の武士はいずれも在地領主として小地域の支配者にすぎず、彼らの政権としての幕府も、全国の武士に号令して大規模な土木工事を行なえるほど強大な権力をもたなかった。そのため中世を通じて既存耕地の改良や栽培技術の向上はなされたが、耕地の外延的な拡大は切添えなどとよばれる小規模なものにとどまった。

このような停滞を破ったのが、中世末の動乱を通じて出現した戦国大名たちの権力であった。戦乱のなかで家臣団を掌握し、強力な地域的封建権力を築きあげた彼らは、その領国経営の根幹として城づくり・町づくりだけでなく、鉱山の開発や治山治水の工事をなし、耕地の造成につとめた。ここには庄園領主たち、なかでも巨大寺院のもとに凍結されていた技術が解放され、黒鍬《くろくわ》とか下財《げざい》とよばれた土木技能者たちは、戦国大名の富国強兵策をになうものとして各地で活躍した。そして安土・桃山期につづく近世幕藩体制の確立は、こうした動きを全国的に統一するものであり、沿岸デルタ地帯における大河川の堤防構築や、内陸部での溜池・用水路の建設は、幕府や諸藩の直営やその許可をえた有力町人の手でなされ、各地に広大な新田地帯をつくりだし、数多くの新村を生みだした。京都の祇園祭は早く室町時代後半に華麗な行粧をもちはじめたが、他の都市の祭礼はいずれも近世になってからのものであり、そこにおける山車の運行は、この時代の土木建設、なかでも重量物運搬の技術を直接に反映するものである。人びとが山車の飾りつけや囃子だけでなく、その運行技術についてもこまかな批判眼をもち、それをも祭礼行事の一つとして誇りをもって伝えたのも、自然の感情といえるだろう。

中世以前の村

時代の先端をゆく土木建設の技術をそのまま祭礼に生かした近世町人の心意気は、日ごろダンプカーに追いまわされている現代人からみるとうらやましいかぎりであるが、中世

の中国地方の田植歌を伝える『田植草子』には、

おき《（沖）》の三反田よりかと《（門）》の弐反田をな、ぬいはりめてもかと《（門）》の二反田をな、とてもたもら《（賜）》は、おき《（沖）》なる丁田をたもれや（晩哥二ばん）

とある。ここでオキというのはキシに対するオキである。キシとは海岸や川べりの岸だけでなくて広く傾斜地をさし、石垣のことをキシガキとよぶ。キシとは山麓や平野にのぞんだ丘陵の末端部であり、以前は集落は多くそのような場所に営まれ、そうした屋敷地の近くの田が門田《かど》であった。したがってオキとはそのようなキシにある門田から遠く離れたオキアイ（沖合）のことであり、平野や盆地の中央部をさしている。

現在の常識では「ワラジ半足でもオキがよい」といい、山麓のキシ田はよろこばれない。そこでは谷水を直接に受けるので水温が低く、多くの収穫がのぞめないのに対し、オキの田は水温も高く、養分も多く、収穫が多いからである。こうしてみると、上記の『田植草子』の歌は現在の常識とは正反対といえる。そこでは「オキの三反田」より「カド田の二反田」がよいといい、「ぬいはりめた田」、すなわち、ちぎれちぎれの田を合わせてでもよいからカド田がほしく、どうしてもオキの田というならまとまった田をと望んでいる。これは家と耕地との往復に便利という点もあるかもしれないが、同時に、この時代は一般に沖積が進まず、排水工事も不完全で、オキ田は湿田であり泥田であって、耕作に不便なばかりか洪水の危険にさらされ、手入れもゆきとどかず、収穫が悪かったからと考えられる。

大河川や溜池から人工的に整備した灌漑と、排水設備によって維持される平場の農業は、近世になってようやく本格化しはじめ、しだいに日本農業の中心的地位を占めるようになった。以前は灌漑の方途がつかないまま、原野を拓いても畑や牧にする以外にない場合がほとんどであった。また灌漑にくらべると排水はさらに困難で、水田にしようにもできない沼沢地はいたるところにあったし、ようやく水田にしても、その耕作は容易ではなかった。現在のわれわれの常識になっている村、平野の中央にあって水田と畑がひらけ、沼沢地も原野も山林もなく、薪炭・肥料・家畜の飼料まで村外から購入するような村があらわれたのはごく新しく、近世になってある程度交換経済が発達したのにともない、丘や林もない低平なデルタ地帯に新田村落が計画的につくりだされてからであった。それとともに在来の村も綿作や養蚕その他の商品作物によって貨幣を入手する機会が多くなり、未墾の共有地を耕地として必需品を村外から購入する村に変貌しはじめ、とくに明治以後、商業的農業の一段の発達によって人口も増え、今日のような姿になった。かつての村は肥料や秣用の草刈場、薪炭建築用材採取の場としての山林原野や、肥料用の水草や魚介採取の場としての沼沢地に囲まれながら、自給自足をたてまえとして相互に孤立して存在し、耕地もわずかの水害や干害ですぐに耕作不能になるような不安定なものが多かった。大和盆地のようにとくに早く開けたところは別として、ひろびろと開けた耕地のなかに集落が点在するという開放的な田園風景は、一般には近世以後に姿を現わした。

村の外と内

村を結ぶ道

山梨県には「信玄の棒道」とよぶ道がある。これは戦国時代に武田信玄が領国経営と膨張政策を支える軍用道路としてつくったもので、その一つを「佐久の棒道」とよび、韮崎から信州の佐久に向けてその名のとおりまっすぐに北上している。他は八ヶ岳西麓を西北進して上・中・下の三本あるが、いずれも信玄の居地甲府を起点とし、彼はこれらの道をつくるとき、近くにある木はどんな由緒のある木でもかまわず伐り倒し、それで橋をかけよと命令したという。この地方には、これとは別に鎌倉街道とよぶより古い中世の道が残っている。これは信州から甲斐を経て幕府のあった鎌倉を結んだもので、棒道とちがって山麓の等高線にそってうねうねと曲りながらつづき、高低差の少ないかわりに川はわざわざ大まわりして上流を渡り、大きな橋をかけなくてもすむようになっている。こうした古い道とくらべると、「信玄の棒道」のもっている歴史的な意味は明らかであろう。

先に明治時代の中期における荷馬車道と鉄道の開設が、それまで村が保持してきた自立性を最後的に解体しはじめたことを指摘したが、中世までの村は単に自給自足をたてまえとしていただけではなく、それぞれ山林原野や沼沢地に囲まれ、文字どおり外観上も孤立していた。遠くへ行く旅人の通る道は、京都や奈良、さらには鎌倉などという中央の都府から放射状に全国におよび、村々を結びつけていたが、それは山越えでなければ平原の沼沢地を避けて丘や野をとおり、森や林のなかで方角を見失わないよう、「野づかさ」とよんでときどき迂廻して小高いところに登り、前途を見定めるようになっている、まことに心細い道であった。もちろん平原にも無数に道はあったが、それは近辺に住む人が山の幸、野の幸を採るために自然に踏みわけた道であり、旅人の通る道ではなかった。これに対して「信玄の棒道」は、彼の居地甲府を中心に、領国内の村々をがっしり掌握するなかで強引に建設されたものである。このことは他の戦国大名でもおなじであったし、やがて彼らにつづく近世大名たちの領国経営のための城づくり・町づくりが、道づくりと治山治水の事業に発展し、新田開発に進んで平場農業を展開させたから、村々の孤立はこれを境に消滅しはじめたといえる。

たとえば畷道《なわて》というのは、丘をとりまく「箕《み》の手」の道に対する「縄手」のことで、新たに縄を引いて二点間を最短距離で結ぶように設計された作り道のことである。こうした道は早く律令時代に班田収授のためになされた地割りである条里制のなかで出現している。けれども、条里の地割りは平野のすべてを覆うものではなかったし、大和盆地のようにとくに早く開けた地域は別として、かつては畷道が道路として果たした役割は大きくなかった。村と村が耕地でつづき、そのあいだを一本の畷道が走るという光景は、一般には近世以後のものである。したがって祖先たちが営んできた村落の生活は、それがもっていた封鎖性とか孤立性、外界との接触のしかたといったことを問題にするとき、古代から中世への変革よりも、中世から近世への移行にあたって、より大きな変化がみられたということができる。

村外との交渉

もちろん、このことは古代から中世への変革を過少に評価しようとするものではない。封建制の成立と展開という歴史の内的な発展をあとづけようとするとき、古代から中世への変革のもつ意味はきわめて重大である。しかし、いまわれわれが考えようとしているのは、そうした歴史過程における祖先たちの信仰生活のありかたである。その場合、第一に問題になるのは信仰の内容であり、原始古代のおそろしい神から神明の慈悲を説く中世にいたるまでの、すでにのべたような神観念の成熟である。だがそれと同時に、神がどのようにして人の前に示現し、人の礼拝をうけてきたかという信仰の形式もあわせて考えられなければならない。というよりは、現在のわれわれにとっては、祖先はどのような神を祀ったかということよりも、どのようにして祀ってきたかという後者のほうが大切な問題である。そしてこのことを問題にするときは、祖先たちの生活の拠点であった村落の内容よりも、そうした村がどのようにして外界と接触していたかという、社会のコミュニケーションの様態が重要な関連をもち、その意味では中世から近世への変化が重視されるのである。

たとえば、山間の村にはしばしば「良くない所」といって、村人から忌避される場所が残っている。それはクセ山・クセ地とかトシ山などとよばれ、そこを所持すると病気などの不幸が起こるといって買手がなかったり、だれも利用しようとしない場所である。そうしたところには塚や小祠があったり、だれかが非業の最期をとげたとか、天狗や山ノ神の領分だから近寄ると祟りがあるなどといわれるが、なかには以前に鍛冶屋が住んでいたから家を建てないとか、木地屋が住んでいた山だから立入ると病気になるという例がある。このような場所は、もとより神の住む神聖な場所であり、うっかり近寄れないところであった。それがしだいに本来の信仰が忘れられた結果、神聖だから近寄れないということが近寄ると祟りがあるということになり、それを説明するためにいろいろの理由づけがなされるようになったと考えられる。そうすると、そのような理由づけに鍛冶屋・鋳物師などの職人をもちだしていることは、重要な意味をもっている。

昔は「商工医巫之徒」を職人とよび、農業以外の諸職に従う人をすべて職人とよんだが、彼らはもと村落を巡歴し、旅先で注文をうけて仕事をする漂泊生活を営んだ。もちろん貴族や武士の需要に応ずるほどのものは早く定住生活に入ったが、一般のものは定住して注文を待っていたのでは仕事にならなかった。関東地方の農村では、江戸時代の初期、一七世紀の末ごろまで金屋・鋳物師が相当の人数で村々を巡歴していた徴証がある。職人たちのこうした漂泊生活は、村落がそれぞれ孤立した存在であったことに対応するものであるが、そのような職人が「良くない所」の理由づけに使われているのは、彼らがその漂泊生活のゆえに村人とは種を異にするものとみなされ、タブー視された存在であったことを物語っている。こうした村人と職人との関係は、原始古代以来の信仰形態をそのまま温存したのではないだろうか。

人と神との来訪

明治の末年に専売制度が施行されるまで、岩手県の太平洋岸から盛岡在へ塩を運ぶ人たちは、それぞれ行先の部落に塩宿とよぶ家があった。塩宿には主に部落内の旧家がなっていたが、この次にはなん日ごろに塩荷が来るから用意しておくようにと塩宿が村人に伝え、その当日になると村人はそれぞれ用意した穀物を背負って塩宿に集まり、そこで塩と穀物とを交換したという。自給自足をたてまえとしていても、塩や鉄製農具、鍋釜の類は自給できない。しかしそうした品物を入手するとき、村落の孤立性の強い時代には、村人たちはけっして各自がばらばらに村外のものと交渉をもつことはなく、かならず共同してことに当たった。したがって村を訪れるものも彼らの職能によってそれぞれ独自の封鎖的な集団をつくり、そうした集団相互のあいだで接触がなされたが、そのような集団をつくるということは、たがいに独自の神を奉ずるということであり、村を訪れた職人たちが村人から種を異にするとみられたのも当然であったといえる。

鍛冶屋や鋳物師たちは、「良くない所」の理由づけに使われているだけではない、それと反対に彼らが漂泊の業態をやめたのちも、彼らの奉じた金屋の神が村の神となり、村の鎮守となって残っている例も多い。これらのことは、彼ら職人たちがもとは一種の宗教的権威をもって村人に臨み、その結果として、ときには職人たちの神が村人の信仰を集めたことを物語るのではなかろうか。たとえば福岡県の糸島郡にはシガとよばれる女の行商がある。彼女たちは漁村の主婦で、それぞれ付近の農村に定まったトクイをもち、海産物をもって行って以前は春秋二季にトクイでとれる農産物を受取ったが、彼女たちは海産物と交換にもらう穀物をクモツ（供物）とよび、トクイ先では秋の初穂をシガにあげる前に食べることはできないといった。また、シガへのもてなしが悪く、シガが怒って海産物を入れてきた籠を裏返し、底をたたいて帰るとその家は断絶するといったという。こうした伝承は、かつて村がそれぞれ孤立していた時代に、村を訪れるものを畏れ憚った意識の名残りといえるものであろう。

したがって、仏や神を背負って村を訪れた民間遊行の僧侶や神人たちが、特殊な霊能の保有者とみられたのも当然であった。村に住むものからみれば、これらの民間宗教家たちも「商工医巫之徒」の一種であり、広い意味での職人であった。というのは、現在でも村の神社のなかには社殿はあっても専門の神職はなく、祭りのたびに村外から迎えたり村人が臨時に神主役を勤める例は多いが、以前は寺院と僧侶についても同様であった。村ごとに寺院が建立され、僧侶が迎えられて常住するようになったのは寺檀制度が施行され、キリシタン禁制と関連して農民たちもすべて仏教諸宗派のどれかに所属することを強制された近世になってからである。かつては村にそのようなことのできる余裕はなかったし、僧侶の常住する寺院は貴族や武士を檀越《だんおつ》とする特別の寺院にかぎられ、社家神官や社僧の住むのは中央地方の有名神社であった。村人たちは村を訪れる僧侶・神人に結縁《けちえん》して回向《えこう》を頼み、諸種の祈願をなした。民間遊行の宗教家は「聖」なるものの使者として「俗」世界である村を訪れ、村人とは種を異にする広義の職人として、村人の希望する役務を提供したのである。それゆえこうした関係が維持されるかぎり、神明の慈悲や衆生擁護の神道が説かれても、神と人との基本的な関係、したがって神と仏関係も、もとのまま維持された。

鎮守の神

点と線の社会

今では老人しか憶えてないことばに居職というのがある。これは出職の反対で、行商人のように旅先で仕事しないで一定の仕事場をもち、定住して仕事をする職業や、それに従事する人をさしている。居職が常態になった現在では、ことさらこうしたことばを使わないが、以前はこのようなことばで区別したほど出職が多く、それが常態であった。とくに中世以前には店舗商業は京都・奈良などのかぎられた都市だけで、商人や職人はそれぞれ座をつくって貴族や大社寺を本所と仰ぎ、諸国を巡歴した。彼らの歩いた道は、それぞれ相互に孤立した点としての村を結ぶ線であった。文化の交流も発展もこうした点を結ぶ線によってなされた。

このような点と線によって構成されていた社会を崩しはじめたのが中世後半の動乱であり、戦国につづく近世幕藩体制の確立であった。各地に出現した城下町・門前町・港町などは周辺の村々を配下にして面の社会を形成し、近代社会を用意しはじめた。それゆえ、面の社会の現われる以前は、社会のたてまえとして現代とはまったく次元を異にし、われわれの常識の通用しない点が数多く認められる。たとえば社会経済や文化の先進と後進というとき、われわれは現代の常識にしたがって中央の都府を中心とする同心円を考え、その周辺部は後進であり、辺境は僻地と考えやすい。たしかに民族と国家の形成以来、政治も経済も文化も中央の都府を中心に発展し、それは民族社会の周辺部に古いことばが残留しているという、いわゆる文化周圏の現象によって確認されている。けれども、逆はけっして真ではなく、周辺部のものが全て古いということにはならない。民族社会が真に求心的性格をもつようになったのは、都市の工業を中心とする近代になってからである。まして社会が点と線で構成されていた時代には、個々の点はそれぞれ独自の世界であり、現代の感覚では僻地と考えられるところでも、以前には思いがけず遠いところと交流をもち、多くの人が往来、移住した例は多いし、逆に「京に田舎あり」ということも事実として存在した。辺境や山間の村がいつも後進・僻地でないと気がすまないのは、現代の都会人の思いあがりによる錯覚である。民族社会内部での文化の交流と発展は、求心的方向だけでなく、遠心的方向でも働いていた。

そして以上のような点と線による社会は、もっとも強力な神々を背後にした天皇を頂点とする貴族たちが、それぞれ私的に神を奉ずる原始以来の諸共同体を全国的に統摂した古代国家の体制によって創出されたのは、改めて説くまでもない。しかも、このような社会のコミュニケーションの形態が、古代律令国家の解体後も久しく存続したのであるから、古代後半に形成された神々の世界とそのうえに立つ仏のありかたが、そのまま民族信仰の原型となって定着し、すでに述べたとおり神人不分離とよべる感覚のもと、中央地方の有名神の勧請がくりかえされ、神々の世界の流動化と多様化がなされたのも当然といえるだろう。したがって、そのような神々の世界を基底部で支え、祖先の信仰生活の中核をなしてきた村の神、鎮守の産土神《うぶすな》を問題にするときは、なによりも以上のような線で結ばれた点の神として出発したことを考える必要があると思われる。

村の祭祀

村の神社は一般には氏神とよばれ、産土さん、鎮守さんとか、単に宮さんともよばれている。これに対してそうした神社の祭祀圏をなす人たちを氏子とよび、まれに産子《うぶこ》、宮子《みやこ》などとよばれる。このうち産土は生まれ故郷を、鎮守はその土地の鎮護を意味するから、産土神とか鎮守神のよび名は村の神にふさわしい。ところが氏神といえば氏の神であり、その祭祀圏は一つの氏でなければならないのに、そのような村は現実に一つもなく、氏神とよんでも氏子はたいてい複数の姓氏からなり、はなはだしいのは全村異姓の例さえある。そのため、このような氏神の名と実態の不一致から出発し、血縁社会から地縁社会への転換という歴史の基本的な筋道に従い、氏族の解体と分合、さらには消滅という村落社会内部における古代から中世への展開過程について、多くの研究がなされてきた。けれども、村の神はどのような名でよばれても、また、そのことの背後にどのような歴史が考えられるとしても、それは線によって結ばれた点の神としての特質を久しくもちつづけてきた。

柳田国男氏は、かつてその著『日本農民史』のなかで、「日本の現在の実情から推測して古来久しく小農の国であったかの如く説かんとするものは失敗する。地方によって若干の例外はあるが、家長が家族とたくさんの下人を指図して大きな手作りをしたのも古いことではない。その次には植付、苅入れの季節ばかりに田人、即ち日雇労働者を集めて大規模の経営を試みていたあいだも永かった。田人耕作はもちろん近世にはじまったものではない。武家が農家であった時代には、この労働は賦役であった」と説かれた。この指摘はその後の中世・近世農村経済史の研究に大きな寄与をなしたが、こうした大手作り経営に依拠する有力者の家父長的支配が村落生活の末端まで及んでいたのは、東国を中心とする開発の比較的遅かった村であったらしい。一二世紀に成立した「信貴山縁起《しぎさんえんぎ》」や、一三世紀の「粉河寺縁起《こかわでら》」などの絵巻物に、普通の百姓家で破風のところに弓の的のしるしを描いた家がみられ、そのうち二軒までが竪穴式の土間住居であることが指摘されているり(『日本常民生活絵引』)。家に的のしるしをつける習俗は現在も残っており、それは村の祭りに神事の頭屋をつとめる家がこれをすることになっているが、「信貴山縁起」といえば山崎長者、「粉河寺縁起」といえば大伴孔子古など、いずれも長者屋敷のたたずまいや、そこでの生活のいきいきと描かれていることで有名であり、長者の屋敷に使われている下男・下女や、長者に隷属する人たちの家がみられるのはもちろんである。だが、その一方で破風に的のしるしのつけてある家は、たとえ粗末な土間住居でも、長者に隷属するものの家ではなく、一応は独立の生計を営み、頭屋として順番に村の神祭に役をつとめる中堅農家であるのは明らかである(宮本常一前掲論文)。

近世になってからでも、幕府・諸藩や有力町人たちの大規模な開発によるのでなければ、新規の開拓は多く一族や下人を従えた有力者の手でなされた。したがってそうした歴史をもつ村では、草分け・重立ちなどとよぶ少数の開拓・立村者の家筋による、家父長的な村落支配がつづけられた。これに対して「信貴山縁起」や「粉河寺縁起」の舞台であった大和・紀伊をはじめ、畿内平野部の開発の古い地域では、古代の班田農民に系譜を引く人たちの、どんぐりの背くらべという意味で比較的平準化された村落生活が、早くから成立していたらしい。

村落組織

律令の条文のなかに、春の農耕開始にあたっての神事に、郷の老人を集めて「郷飲酒礼」を行なうとあり、国・郡司は酒肴を支給するだけで、郷党のものに自主的にさせるとある（「儀制令」）。おそらく村落に久しく行なわれてきた習俗が令条に反映したものであり、畿内を中心に村落ごとになされてきた宮座の神事は、その伝統を継承するものである。

宮座はもともと年齢階梯制とよばれる村落組織と表裏の関係にあり、村人はそれぞれの家柄とは一応別個に年齢によって子供組、若者組・娘組、壮年組、老年組の組織に分属し、一定の年齢に達すると厳重な儀式を行ない、神と村の承認のもとに一階梯ずつ進み、各年齢組はそれぞれ村の神祭に役を受持って奉仕するが、なかでも老年組はオトナ衆などとよばれて村を代表し、順番に神主役や、神饌その他を調進する頭屋の役を勤める。

宮座の長老衆（京都府相楽郡南山城村田山の正月の神事）

もっとも、かつて村落には同族組織とよばれるものが一般的に存在したと考えられている。同族組織というのは本家・分家の結合を中心に、奉公人のなかから独立を認められて血縁分家に準ずる地位をあたえられた奉公人分家の家筋も含み、これらを一団として本家主人が家父長的に統率支配するものである。したがって、そこには家筋とか家柄、家格の意識ばかりか主従の観念までともない、この点で同族の組織は年齢階梯の組織と原理的に相反するものをもっている。この二つの組織原理が歴史的にどのようにして派生したものなのか、あるいはこの両者はもともと社会組織に関する相互に異質の文化様式から端を発したものなのか、にわかに結論を得ることはできないが、少なくとも比較的近い時代に少数の有力者によって開拓・立村され、その後の入住者の少なかった村ほど、とくに開拓者の家筋による同族団の組織が顕著に残留している。そして個々の村落はそれぞれの歴史的条件によって同族組織と年齢階梯制という二つの原理の重なりかたを異にし、その結果として村落の祭祀組織である宮座の形態を多様なものにしている。

しかし、同族の組織はどのように強固なものでも、武士などの支配者層のものでないかぎりは村内の組織であり、村落という地縁社会の枠内のものである。本家・分家の序列を決定する同族団の系譜は、始祖がその村に入住してからの世代だけを数え、それ以前の父祖に遡って加算することはないし、他村へ転出したものは、悪意なく、自然に同族団から除外される。また、巨大になりすぎた同族団はしばしば二つ以上に分裂することもあるし、逆に弱少なものが有力なものに後次的に加入することも珍しくない。したがって、一村一同族といった特別の場合でないかぎり、村落としての共同が同族団の結合に対して一定の規制力をもち、本家・分家の序列や、そこから発生する家柄の問題と妥協しながらも年齢階梯制にもとづく秩序づけが機能し、少なくとも同等の家格とみとめられるもの相互のあいだでは、年齢による秩序が優先した。このことは、かつて村落がそれぞれ孤立して存在し、村として天災や疫病、あるいは戦乱のなかを生きのびなければならなかった時代には、より顕著に作用したのではないかと考えられる。

村の神の拡大

昔から「二十《はたち》、六十は死にごろ」などといわれてきた。それは独身の若者と、世帯を息子夫婦に譲ったものは家の生活に対する責任がないから、死んでも泣くものが少ないというのであるが、このことは、この年齢のものはそれだけ家から離れ、村全体のために働く義務があるということを間接に表現している。村のオトナ衆の役目については先にのべたが、若者組は祭礼に神輿を舁《か》いたりして大切な役目を勤めるほか、若さと体力によって村の警防団の役なども勤めた。したがって子供組にはじまる四段の年齢階梯のうち、若者組や娘組に加入する成年・成女式と、老年になってオトナ入りする儀式はとくに厳重で、若者組とか老年組とよべるほどのもののない場合でも、それぞれに相当する儀式がさまざまな名称でなされてきた。長崎県西彼杵《そのぎ》郡の漁村では、若者組に加入するとき「締め殺す」といって首を締めて一時気絶させる習慣があったという。これほどのことはなくても、胆だめしなどの試練をした例は多いし、成年にあたってそれまでの幼名を改めた。また、老年・オトナ入りの年齢になってふたたび改名し、法名をもつふうは多かったし、六一歳の還暦に赤ん坊にもどったといって赤いものを身につける習俗は都会でも行なわれてきた。これらはいずれも擬死再生儀礼とよばれるものからはじまった習慣で、一度死んで生まれかわることにより、人生のもっとも大切な階梯を通過しようとしたものである。こうしたものは通過儀礼とよばれてその原型はひろく未開社会にみられるから、かつて村落が線で結ばれた点としてあった時代には、村の行事として村の神の前で厳重に行なわれたであろう。

ところで、中世末から近世になって村の孤立性が破れはじめたということは、逆に村落に住んできた人びとが外から訪れるものを待つだけでなく、みずから進んで外界と交渉をもち、村外へでかけるだけの力を備えはじめたことを意味したが、以上のような年齢組織と通過儀礼はそのための大きな契機をなしてきた。富山県では立山に登らなければ男になれないといったし、青森県津軽地方ではお山参りとよんで旧八月一日から一五日までに岩木山へ登拝した。山形県米沢地方で「初山踏《ういやまぶ》み」というのも同じものであるし、近畿では吉野大峯、四国の石槌山をはじめ、同様のことは全国的にみられる。これらはいずれも若者入りの行事と重なり、先達があって厳重な精進潔斎のもとでなされた。人生のもっとも大切な関門を通過するときは村の神だけでなく、進んで村外のよりあらたかな神威にふれようとするのは人情であるし、やがて若者のあいだに気の合う仲間がそろって神社仏閣を巡拝し、旅に出て世間の風儀を知るということも、近世になって庶民の生活が向上するにつれて一般化しはじめた。

また若者だけにかぎらず、壮年者の伊勢講や愛宕講・庚申講・老人の念仏講、主婦たちの観音講・子安講など、無数の講がもともと村の神の祭祀組織である年齢集団を中心につくられ、それぞれ定期に集会するだけでなく、しばしば参詣の旅に出るようになった。伊

おかげ詣りの絵馬（京都府相楽郡加茂町岩船　白山神社）

勢詣り・愛宕詣り・善光寺詣りなどとよばれるものがそれである。とくに近世を通じてほぼ六〇年ごとに爆発的に流行した伊勢の「おかげ詣り」とよばれるものも、その村落における基礎はこのようなことにあった。「おかげ詣り」の流行については、封建制下の抑圧された庶民のマスヒステリアとして評価されているけれども、その一方、伊勢詣りの旅人が路傍の田で新しい稲の品種をみかけたとき、その田の持主の家に寄って種籾をもらいうけ、持主もまた喜んでわけてやるという習慣があり、伊勢詣りの旅人の手で新しい稲の品種が全国に普及した例はきわめて多いという。伊勢をはじめとする中央地方の有力社寺は、中世を通じて民間遊行《ゆぎょう》の宗教家の手で全国の村々に影響力をもったが、近世には村々から参詣の旅に出てきた人たちにより、村の神、村の寺の延長としてその姿を整えたといえよう。

産土神のゆくえ

近代の問題

するどい洞察力で知られた東洋史学者、内藤湖南の名言の一つに、日本の歴史は応仁の乱以後を考えればよい、というのがある。古代・中世から近世へは、まさしくそれほどの大変動であった。社会構造そのものが、古代・中世の「点と線」の社会から近世の「面」の社会に変わったのである。それは、きびしく仕切られた「面」の社会、封建社会であった。この近世から明治近代への変動は、いわば「面」の社会から「層」の社会、上下に多層化された面の社会へのそれと考えられよう。領国ごとに一つの面をなしていた封建時代の仕切りは除かれた。しかし、中央と地方、都市と農村、国家（国民）と社会（市民）、民族と階級――これら原理と機能とにおいて区別されるべきものが、現実政治的に中央集権・富国強兵の国家権力による上下関係の中でむりやりに統合されて、多層化した面の社会をつくったのである。

このような近世から近代そして現代への社会構造の変動のなかで、産土神の伝統はどうなったか。さきに指摘したように、古い自然村、封鎖的な村落共同体にとって、理念的には、古代のひたすら畏怖すべき神はすべて、中世以後は慈悲ふかい神に変貌したが、しかも神々はつねに社会のコミュニケーションの様態を特徴づける「外来性」の性格をも持ちつづけた。村にとって外来の新たな神、普遍神は、親しむべきものでありながら同時に油断のならぬものであった。ある地域の神はその地域の外の人に親しい神ではなかった。近代の国家的統合によって、日本のすべての神がすべてのひとに親しい神になったであろうか。

ドンドン、ヒャララ、ドンヒャララ、朝からきこえる笛、太鼓、という「村祭り」の童謡は、おそらく中年以上の日本人にはなつかしいものだ。村の鎮守の神様の祭りは、共同体の連帯のシンボルであり、共同飲食は神事であるとともにレクリエーションであった。祭りはハレとケという生活のリズムをつくりだした。だが、今日は、神輿をかつぐべき村の若者たちも町へ出ていってしまった。彼らは、祭りにはかろうじて客として帰郷してくるだけである。産土神の伝統がうすれつつあることは、あらためて断るまでもないであろう。

しかし、近代における産土神の問題を考えるとき、どうしても注視せずにすまないのは伊勢神宮と靖国神社とである。いずれも国の産土神、国の鎮守の神であり、しかも村々の産土神を統轄する最高の神社として戦前戦中に果たした役割によって、かえって村々の神様からその神聖さと親しさとを奪い去ったとも考えられるからである。

伊勢信仰と国家神道

伊勢神宮は皇室の宗廟、天皇家の氏神である。それは太陽神信仰であり穀霊信仰であって、日本の神々のうち最高の普遍神であろう。伊勢神宮を天皇家の祖先崇拝の形とみる柳田国男氏は、その『山宮考』で、伊勢神宮の山宮祭には、みずからの祖先祭を行なった神官は触穢として、奉仕の前に禊ぎを必要としたことを注意している。早くよりこのような段階づけはあったわけである。しかしさきにのべたように、明治以前の伊勢信仰は多分に民間信仰的、庶民的な性格が多かった。次頁の写真の一つは青森県八戸市にある伊勢講の参宮記念の碑で、もう一つは九州の地主の伊勢参宮日誌である。『膝栗毛』では「伊勢へ七度、熊野へ三度、愛宕さまへは月参り」とうたわれている。遷宮のための檜材のオキヒキも民間の自発的な奉仕であった。そもそも、京都時代の皇室のありかたでは、禁中内裏も京の共同体の一員とみなされ、たとえば嘉永五（一八五二）年の明治天皇御誕生の時にも、祇園祭の鉾町の一つの船鉾町から恒例どおりに安産のお守りとして神面と腹帯をお届けしている。だが、すでに都が東京へ移って後、大正天皇御誕生時にも同様のことを古式通りに行なおうとして東上したところ、当時の宮内省の役人に拒否されたと聞く。いかに

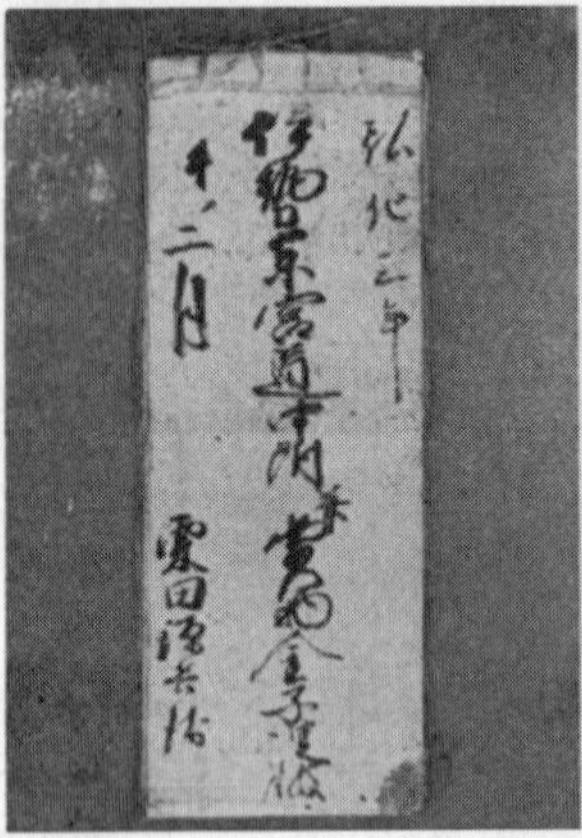

筑前（福岡県）直方在　栗田源兵衛参宮旅日記（弘化３年）

青森県八戸市櫛引八幡宮境内の伊勢講の碑（天明３年４月）

もありそうな話で、「天皇はんも出世しはったさかいな」と京の町衆たちがわらいながら今日まで伝えている。

　明治政府の国家神道政策の中へ天皇家が組みこまれていったのと対応して、伊勢神宮も民間信仰的な伊勢信仰の対象から国家神道のシンボルへと、その性格を固定していった。明治のはじめに古代の神祇官制が復活されて伊勢の御師たちは追放され、祭主は勅任制となり、大臣よりは下、知事よりは上位の勅任官二等とされて、宮司たちを統率することになった。それとともに、明治四年五月の太政官布告によって、全国の神社の上下の格づけが行なわれた。いわゆる天つ神たる皇祖を祀る大・中・小の官幣社、皇室への功臣を

京都市船鉾町の神功皇后像と御神面

祀る別格官幣社、国つ神を祀る大・中・小の国幣社、府県社、郷社、村社、および無格社という社格である。こうして全国の神々が天照大神を頂点とするハイラキーの中に統一されたわけである。

この明治四年八月、太政官制中の神祇官は神祇省となり、翌五年三月、神祇省を廃止して教部省がおかれ、一〇月には教部省は文部省に合併された。このあわただしい機構の変転はそのまま、明治維新の政治理念が、藤村の小説『夜明け前』にその実状を書きこまれているいわゆる平田神道的な古風な祭政一致から、「一つの謀略」(木戸孝允)による天皇制国家の国家神道へ移行していったことを示しているのである。かくして、「帝国憲法」発布によって信教の自由はタテマエでは保障しながら、「国家神道は宗教ではなく道徳なり」(伊藤博文)という詭弁によって国民の思想を統制する道がつけられたのであった。

大戦に伊勢の神風はついに吹かなかった。しかし近年、正月の伊勢参りは年とともに増えている。それは国家神道的、皇祖神崇拝的な化粧を落として、ふたたび民間信仰的、国の鎮守的な神へと復帰したのであろうか。成人への通過儀礼として、江戸時代は伊勢参りがその代表であったが、その古風を人びとは復活したのであろうか。伊勢の神はともかく日本の神々中の最高の普遍神である。故郷の産土神を喪失した現代人は、ここに国民連帯の産土神をもとめるのであろうか。産土神の伝統は、伊勢神のそれといえども、しょせん特殊な神の信仰である。神をもとめるとすれば、その普遍性の吟味を忘れてはならない。

国家神道の忌ま忌ましさは、忘れ去るにはまだなまなましい記憶ではないか。国家神道こそはまさしく現代のタブーである。

靖国の英霊は国営を喜ぶか

記憶は、庶民とくに夫や息子を大戦で奪われた日本の婦人においてもっともなまなましいはずである。それも美談化された「軍国の妻（あるいは母）」ではなく、より一般的な切ない思いの受難者としての婦人の意識においてである。そのいわゆる護国の英霊は、日本の産土神として靖国神社に眠っているといわれる。靖国神社はもともと明治元年に全国各地でつくられた招魂社の一つだが、一五年戦争の軍国主義政治の波の中で、昭和一四年四月、各地方の招魂社が護国神社と改称した後も、靖国神社のみは全国的統一のシンボルとしてその名を続けた。しかし敗戦後は、靖国神社も政治的には宗教法人の一つにすぎない。四二年六月、自民党の「靖国神社国家護持小委員会」が国会へ提出しようとした「靖国神社法案」は、その内容をなまぬるいとする日本遺族会と靖国神社側の反対で数次の修正の結果、国家神道的な色彩を濃厚に持つものとなって、国会提出の機がうかがわれるにいたっている。この間、キリスト教をはじめ、仏教、新興宗教、教派神道等の各種宗教団体が信教自由、政教分離の原則から反対運動を続けていることはいうまでもない。しかし注目させられるのは、この問題にたいする仏教教団の態度である。浄土宗会、西本願寺宗会はこの問題を「研究保留」にしたという。「国民感情」つまり檀信徒（遺家族）の反撃を考慮せざるをえないからである。ここには、歴史的地盤から自由なキリスト教や新興宗教とは異なり、長い神仏習合の歴史、日本的シンクレチズムの伝統を負い目にもつ、一般の日本人の宗教意識が端的に露呈されているのである。

しかし、もともと靖国神社国営の運動は、それが「経営困難の状態にある」からであり、また近ごろの政府のナショナリズム強調の政策にも深くかかわっている。だが、これを今日の日本人一般の宗教意識の問題として考えてみれば、家族ないし親族や知己のなかに「英霊」をもたない日本人はほとんどいないであろう。したがって、もし一方で夫や息子や父にあえるのは東京九段でという信仰が今日も国民一般に存在し、他方また、国民一般が「みずから国を守る気概」をもてるほどの福祉国家に今日の日本がなっているならば、日本遺族会の要求をまつまでもなく、靖国神社が「経営困難な状態」におちいっているはずはない。この前者の点において、むしろ靖国神社ないし神社本庁は宗教法人として、上なる政府へではなく下なる一般国民へ宗教活動、布教を行なえばよいのである。また国ないし政府は後者の点においてよき政治を行なえばよいのである。靖国神社護持法案はいずれの点からみても、政治を宗教によってゴマカスものであろう。政教分離はあくまで貫かねばならない。また、靖国神社の存在意義は、たんに戦死者ばかりでなく、戦災死者さらに年々の天災人災による死者たちすべての合祀によって、はじめて国の産土神社といえるかも知れない。

それにしても、はたして英霊はどこに眠っているだろうか。戦争で夫や息子を失った東北の農村の戦争未亡人たちの手記を集めた『石ころに語る母たち』の中に、遺族年金をためて息子の墓を建てた老女の話がある。彼女は息子の墓を人通りの多い道ばたに建てた。「お念仏もとなえてくれる人もあるべし。知らねえ人でも、戦死者の墓だと思えば、戦争を思い出すべなス」。これこそ、さきに「忌みの思想」の章で紹介した、やはり天正一八年に戦死した息子の三十三年の供養のために尾張熱田の裁断橋をかけた母親以来の、たとい消極的な形にせよ政教分離をつらぬいた日本の婦人、日本の庶民の宗教意識の伝統ではないであろうか。「政治がはいると人間はダメになる」。

家と祖先

先祖祭り

丹波の株講

京都府の丹波高原の村々には、「株《かぶ》」とよばれる同族組織が分布している。おなじ丹波でも、亀岡盆地や園部盆地などの条里の遺構がみられる開発の古い地域では、山城盆地や大和盆地の村のような集村が通例であるが、山間の村は散村の形をとり、農家はそれぞれ適地をえらんで散在している。こうした村では、本家・隠居・新宅・閑居・新家《あたらしや》などという分立の順番を示す屋号をもった家が、小さな谷間の奥のほうから本流筋の谷に向かって順に点在している例さえある。これなどは、その地の開拓と定住がとくに新しい時期にはじまったことを物語っていると思われるが、それほどでなくても、こうした山間の村の大多数は中世を通じて入住と退転がくりかえされ、開拓が進むにつれて定着者が身内を分枝独立させながら、しだいに現在のような姿になったものと考えられる。

このような山間の村に多く「株」とよぶ同族組織と、「株構」とよぶ同族ごとの祭祀は、このような山間の村に多く行なわれてきたが、一例をあげると、現在では綾部市に編入されている旧何鹿《いかるが》郡東八田村於与岐《およぎ》の大又《おおまた》は、向坊の吉田株以下の八株からなり、それぞれの株は株親とよぶ本家を中心に三軒から七軒ほどの家で構成されてきた。このうち庄屋筋とよばれるものは向坊の吉田株、西谷の吉田株と、吉崎株の株親の家で、八株はまとまって村落共同体を構成し、共有の山林や田地をもつほか、村氏神の於与岐八幡の祭礼には他の部落と並んで参加し、株ごとに神事芸能を分担した。こうして株とよばれる同族組織はそれ自身が一つの家としての機能をもち、村落を構成する基礎単位をなしてきたが、村の家々は株ごとに株親の屋敷を中心にまとまって存在し、株ごとに墓地や共有の山林と田地をもつほか、春先に稲籾を漬ける種池も株親の家の近くにあって、株内のものが共有してきた。山間の村のため、温い水の湧くところが限られているからである。また、昔は株親の家にはオオタ（大田）とよばれることがあった。これは田植え盛りのうちの特定の日に、株内一同が集まって一日に一枚の田を植付けてしまういわゆる大田植えの行事で、どこそこの家の大田といえばその家の持田のうちの一番広い田で、オオタの行事はそこですることに定まっていたという。

そして八株のうちの四株が吉田姓を名乗り、吉田四株の開祖は紋兵衛《もんべえ》といって、宇多源氏末裔の落人として来住したと伝え、鍋師《なべし》株とよぶ一族は、もと鋳物師であったのが入村して定住し、帰農したものといっている。しかしこうした伝承によるまでもなく、以上のような株のありかたをみれば、それがこの地の開発過程と深い関連をもつ生活共同体に発しているのは明らかであろう。村落における同族組織は、けっして本家・分家という系譜関係だけでつながったものではない。それは開拓者とその子孫が事業を推進するなかで一族身内を周辺に配置して独立させ、そのことによって構成された生活共同体であって、それ自身が一つの家としての機能をもつものであった。したがって「株講」などとよばれて同族ごとに行なわれる祭祀は、どの村でも今はほとんど形骸化し、衰滅しつつあるが、本来はこのような生活共同体を維持し、確認するためのものであったのは明らかであろう。

仏壇と神棚

上記の大又の八株は、株ごとに墓地をもつほか株荒神とよぶ小祠をもち、年間定期に株講を営んできた。たとえば、安田の吉田株では三月三日と九月二八日の両日、株内で「吉田家地主荒神」と書いた荒神さんの掛軸を順に送り、当日は早朝にそろって株荒神の祠に詣ったのち、当番の家に集まる。このとき会費と米を持参し、床の間の掛軸に洗米と水を供え、一同が会食する。また、山口株では六月二四日と一〇月二四日に同様の講を営み、ここでは「大山祇神《おおやまつみのかみ》」と書いた掛軸に玄米でつくったオシロイ餅（粢《しとぎ》）を供えるが、こうした行事はもともと生活共同体としての株の結合を確認しあうものであったから、本来は株親とよばれる同族本家でなされ、本家主人の主宰で営まれたものであろう。したがって

綾部市於与岐町大又　安田の吉田株の株荒神の森

こうした同族によって定期に行なわれる祭祀は、古い時代の祖先祭祀のありかたを、それなりに示しているといえよう。

というのは、現在では祖先祭祀といえば祖先に対する供養であり、それは故人の祥月命日や盆のときの墓参によってなされ、家の仏壇に祀られている位牌に対してなされる。しかし家ごとに墓をもって墓碑を建てるふうは、近世に入って農民家族の自立が進み、ようやく一般的になったにすぎない。次章でのべるように、もともと死者の霊魂は肉体から遊離したのち、一定の期間は生前の個性を保持するが、その後はしだいに個性を失い、それとともに穢れを去って浄化し、祖先の霊としかよびようのない漠然とした没個性的なものに習合してしまう。そしてこうした祖先霊は、子孫の生活を守るという意味で一種の神性としての性格をもち、年間の定められた時期に子孫のもとを訪れ、祭りをうけるというのが本来の形であった。いつまでも個人を記憶し、墓碑を建ててながく供養しようとするふうは、民間では近世になってようやくはじまったものである。また、仏壇は神棚と並んで家庭祭祀の祭壇であり、本尊仏や祖師の像のほか、かならず祖先の位牌が祀られている。しかしこうしたふうが一般化しはじめたのも、近世になってキリシタン禁制とともに寺檀制度が施行され、国民のすべてが仏教諸宗派のいずれかに所属することが規定されてからであった。

現在の仏壇の原型である個人の念持仏を安置する厨子は、法隆寺の「玉虫厨子」をはじめ仏教伝来の当初からあった。しかし祖先の霊を祀る場所は、一般の神祭と同様にその時にあたって設けるのが本来の形であった。たとえば平安貴族たちは、いずれも邸内に持仏堂をもっていたが、仏事によって近親者の霊を弔い、祖先の供養をしようとするときは、彼らの邸宅の正殿である寝殿を開放し、その正面に臨時に仏像を安置して荘厳《しょうごん》し、一族参集のうえ僧侶を請じて法会を営んだ。このことは、もともと寝殿は家長が日常起居すると同時に家の神を祭り、祖先を祀る場所であって、彼らはそのたびに臨時に祭壇を設けてきた習俗を、仏式によって表現したものといえよう。日常起居する家屋の一部に常設の祭壇を設けて神や仏を祀るふうは、中世的な信仰様式として貴族や武家の屋敷、僧侶たちの住房からはじまり、民間に普及するにつれて形が小さくなり、神棚・仏壇とよばれるものになった。しかもこの間にあって中央地方の有名大社の神官・神人たちの活動が盛んになり、神棚は彼らの頒布する神札類の奉安所となったため、祖先祭祀の祭壇の機能はもっぱら仏壇のほうに受継がれることになり、位牌を安置して祖先を供養することになった。それゆえ、年間の定まった日に同族が集まり、講を営むことのほうに、かえって古い時代の神祭り、したがって祖先祭祀の姿が残っているといえよう。

家の祭りの原型

「御先祖」さんということばにもっともよく表現されているように、祖先の霊は子孫の繁栄を約束するというだけの、まことに没個性的な霊格であるから、しばしば他の神格や仏格と容易に習合する特質を備えてきた。先の株講の実例では「地主荒神」とか「大山祇命」と書いた掛軸を祭祀の対象にしているが、各地の同族による祭祀の事例のなかには、八幡とか稲荷といった特定の神を祭ったり、大日如来とか薬師如来といった仏を祀りながら、これを先祖祭とか先祖講とよんでいるものもある。けれども、こうしたもののなかで、イワイジン（斎神）とかウェーデンサマ（祝殿様）といった「祭られる神」というだけのものを祀っている例は、同族の祭祀のもっとも素朴な姿を残しているといえるだろう。同族組織はもともと本家・分家の系譜関係によって構成された緊密な生活共同体であったから、そこでの祭祀の対象は、ことさら特定の名前をつけて他と区別する必要のない、祭るものにとっては自明の霊格であるのが本来のありかたである。したがって、祭るものからみてこれほど親しい神性といえば、それは神であるとともに子孫を保護する祖先の霊であり、同族の祭祀はもともとこうして神とも祖先の霊とも判然しない素朴な霊格を祀ることからはじまった。だからこそ、それはしばしば他の神格や仏格と容易に習合し、それによって代位されてきたと考えられる。

正月には新しい年の神を迎えるため、神棚とは別に恵方棚《えほうだな》とか歳徳棚《としとくだな》とよぶものを設け、盆には仏壇を飾る以外に精霊棚《しょうらいだな》とよばれるものをつくる。「棚」というのは臨時の祭壇であり、これらは盆の行事がもっぱら仏教に管理された祖先供養のためのものに転化し、正月が年始を祝う行事に変質する以前の古い神祭の姿をとどめ、春のはじめと秋のはじめという年間の二期に祭壇を用意し、神であるとともに祖先の霊であるものを迎えて祭った時代の名残りとされている。家ごとに神棚と仏壇をもち、あわせて祖先の祭りを行なう現在の家庭祭祀の原型は、以上にみた同族の祭祀のなかに求めることができよう。けれども、現在の家庭祭祀の中心がしだいに祖先供養に移行した結果、それが文字どおり家の行事として相互に孤立してなされているのに対し、かつての村落における同族団の祭祀は、けっしてそのように孤立したものではなかった。というのは、すでにのべたように一村一同族という例はきわめて珍しく、たいていは数個以上の同族が集まって村落が構成され、同族の祭りの上に村の祭りがあるという重層的構造をもっていた。先の綾部市於与岐町大又の八株もその一例であり、大又の部落は他の三部落と並んで於与岐八幡宮を鎮守の村氏神として祀り、部落の若者組は祭礼に幟を立てて狂言をしたり、盆には株ごとにわかれている墓地を廻って鉦を打ち、地蔵念仏を唱えた。一村一同族でないかぎり、村落の同族団は他の同族団との共同を前提としており、この点では武士をはじめとする支配者たちの、村落を越えた世界における同族団とは原則を異にしている。

村の祭りの優越

同族組織の限界

同族団とか同族組織というと、本来の系譜関係によって無限に拡大し、系譜につながらないものを徹底して排除するもののように考えやすい。しかし武士をはじめとする支配者たちの同族団にあっても、それがあまりに巨大になると分裂し、本宗の統制に反するものが現われたのは歴史の示すところである。まして農業をもって生業とし、村落の生活を営んできた人びとにとっては、「遠くの親戚より近くの他人」ということは鉄則というべきものであった。村落における同族組織はつねに村落の生活を前提とし、その範囲内にとどまるものであった。この点では支配者のものばかりか、おなじ庶民でも都市の商工業者のものにくらべても、はるかに大きな限界をもっていた。しかもマキとかカブ（株）、イッケなどとよぶ村落の同族組織が同族祭祀を営んできた事例は、多く山間の村落のものであるが、すでにのべたとおり、こうした村はたいてい中世以降に新たに開拓されたもので、そこにみられる同族組織は、開拓者とその子孫たちが開発・立村の事業を推進するなかで形成されたものである。

それればかりか、われわれは山村というと、つねに社会文化の発展に遅れた後進地とみなし、そこに伝承されている習俗はすべて古風を残すものと考えやすい。けれども、これは現在の常識を無反省に過去に投影するものであって、はなはだ危険な態度である。近代以前にあっては、山間の村落でも平地に負けないほど人の往来があり、手工業原料を山野で採集したり生産して、貨幣の流通も平地に負けないくらいであった。平地の村と山の村との落差が顕著になったのは近世以降のことで、近代になってそれが決定的なものになった。

こうしてみると、同族の祭祀のなかに祖先崇拝の原型とよべるものが認められることはたしかであっても、それをもってすべてを律することはできないように思われる。先に紹介したように、開発のもっとも古い畿内の平野部では、一二世紀に村落の中堅農家が自立して、順番に村の神事の頭屋を勤めている実例がみられる。とすると、このような平準化された宮座形式の祭祀形態と、本家主人がすべてを統率するピラミッド形の同族祭祀と形態的にどちらが古いかにわかに断定できないように思われる。

同族の組織は本末の系譜関係によるけれども、生理的な結縁は絶対のものではない。奉公人分家のような非血縁者も含まれるし、たとえ本家主人の弟でも村外へ出れば同族団から除外され、実質的には地縁にもとづく生活共同体としての特質を備えている。けれども、その反面で姻戚を除外し、同族外の家に養子に行ったものはたとえ近所に住んでいても同族に加えず、家名(苗字)と家紋をおなじくするものだけで構成される。したがって、同族組織は内部に血縁擬制のものを含むため、厳密な意味で親族組織ということはできないが、同族を組織している系譜は明らかに父方の血縁だけで親族を構成する意識によっており、父方単系出自による親族組織の一つの発現形態とみることができる。ところが、このような観点から日本の伝統的な親族組織についてみると、父方単系出自とは別に父母双系出自にもとづくものがあり、前者の例が東日本を中心に存在するのに対し、後者は西日本にみられるという(蒲生正男「親族」)。

父母双系制をめぐって

たとえば奈良県山辺郡都介野村で「トウ詣り」とよばれるものは、盆の墓参りである。ここでは家ごとにトウ詣りの日が定まっており、その日になると自分の家の墓に参るが、それと同時に、母親の里の家のトウ詣りにもかならず列席するものとされてきた。そのため、子どもにとってもしも自分の家のトウ詣りの日と母親の里の家のトウ詣りの日が重なっていると、まことに不都合なことになるから、昔からトウ詣りの日がおなじ家のあいだでは縁組してはならないとされてきた。これなどは父母双系出自にもとづく親族意識の一例であるが、こうしたものは国が近代化することによって男性優位の意識が崩れ、その結果として出現したものではなく、逆に西日本では時代を遡るほど有力であり、その原流は原始時代にあって、日本民族の組成にあずかった一つの文化様式に発するのではないかとされるが、このような親族意識のもとでは同族の組織があらわれる余地はないだろう。

序章では、日本の民家は土間住居から一部を床張りにする形へ発展したことをのべたが、このような移行にあたって、従来の家の一部に床張りするのと、土間住居とは別に床張りの家を建て、それを連結する二つの形態があった。このうち前者は東日本、後者は西日本の傾向で、西日本では住居は東にくらべて一般に小さく、土間住居の一部に床張りする余地がないため別に床張りの家を建て、はじめは従来の家と離して建てていたのが後に軒を接して建てるようになり、さらに二つの家に一本の棟木を渡して一つの屋根になった。現在でも鹿児島県下の農家はこの過渡形態で、内部は一軒の家であるのに屋根は土間の部分と床張りの部分が別になっている。こうした形式のものは鹿児島県だけでなく、奈良県の大和棟も内部の木組みにもと二棟からなっていた痕跡があり、同様のものは太平洋岸では福島県の東南部あたりまで分布している。しかもこれと並んで重要なのは住居の内部構造であって、東日本の土間住居の一部に床張りの部分を設けた系統のものは、一般に家屋が

鹿児島県の農家

大きく、二つ以上の寝室がある。これに対して西日本の系統のものは寝室が一つしかないのが通例である。このことは、家族制度と深い関係があるといえるだろう(宮本常一前掲論文)。

家屋が大きくて二つ以上の寝室があるということは、家族数が多くて二組以上の夫婦が住むことを意味する。これに対して寝室が一つしかないというのは、一軒の家には原則として一組の夫婦しか住まないというたてまえを反映している。相続制度についてみると、現在では長男相続が一般的であるけれども、このほかに姉家督とよばれるものと、選択相続・末子相続とよばれるものがある。このうち姉家督というのは東北六県の農漁村に分布するもので、

東北地方の大家族制の農家の一例

一番上の子どもが男ならば問題ないが、女であったらそれに婿養子を迎えて跡を嗣がせるという相続法である。したがってこうした相続法は、親夫婦と、その跡を嗣ぐ息子夫婦との年齢差をなるべく少なくしようとするものであり、これは一軒の家に二組以上の夫婦が住み、なるべく所帯を分けないで大人数がいっしょに暮らそうという傾向に対応するものである。これに対して選択相続・末子相続は、いずれも息子夫婦と親夫婦とが所帯を分け、一軒の家に住まない習慣に対応するもので、かつては西日本に広く分布していたと考えられている。

祖先祭りの二形態

実例についてみると、選択相続にするか末子相続にするかは個々の家の条件による。子どもの数の多い場合は息子たちは結婚して順に家をもち、残った末子が親の家を嗣ぐし、反対の場合は親が子どもをつれて別に家をもち、その結果、選択相続になる。いずれにしてもこうした家族制度は東日本の大家族的傾向に対立するものであるが、このことは同族組織の問題とも関連しているのではなかろうか。もっとも強力な同族組織をもち、長男相続制を確立したのは中世の武士たちであった。彼らは領主として領民を支配し、戦乱のなかを戦いぬくためにこのようなものをつくりだしたが、彼らのうちの有力なものは多く東国を本拠とし、その長男相続は姉家督に通じるものがあるように思われる。そして、ながい武家時代を通じて武士の家族制度が社会全般にあたえた影響を除外して考えると、とくに西日本の開発の古い地域には同族の組織はもともとなかったのではなかろうか。

先にのべたように、同族の組織の背後には父系出自を重視する意識が潜在しているが、これと対応して同族団の祭祀には男性優位のたてまえが堅持され、女性が祭祀に参加するふうはなく、女性を排除して祭りが行なわれている。ところが古い時代ほど女性が神祭に重要な役割を果たしたことは、一般によく知られた事実である。たとえば鹿児島県囎唹《そお》郡輝《き》北《ほく》町百《も》引《びき》の旧家では、霜月のカマドの神の祭りにはカマドに注連縄を張り、御幣を入れた箕をカマドにのせる。そして舞人や楽人をつれた神職を招き、祝詞のあとで神職とその家の主人夫婦が神酒をくみかわし、ふたたび祝詞と神楽があったのち、オカタの舞いというのがある。オカタとは主婦をさすよび名で、主婦はカマドにのせてあった箕をとって頭の上にのせ、カマドの前に敷かれたムシロの上に立ち、その周囲を舞人が御幣をもって舞う。これがすむと主婦は箕をいただいたまま家の納戸に退いて祭りが終わる。

こうした儀式をみると、舞人や楽人をつれた神職を招くのは後世の変化であり、主婦が頭の上にいただく箕は採物《とりもの》の一種で、それをもつものに神霊がのりうつるとされる聖なる器物であることが知られる。したがって、主婦はこのような採物をもってみずから巫女となり、夫がそれを祭った古い姿がしのばれるが、これを同族団の祭祀と比較すると、どちらが古態を示すかは簡単にいえなくなる。たしかに、同族団の祭祀が神とも祖先の霊とも判然としないものを対象としているという点では、古い信仰を残しているといえる。だが、女性を排除して行なわれる祭祀の形態は、けっして古いとはいえないであろう。まして父母双系出自を重視する意識が濃厚な場合には、同族団の祭祀形態とくらべて、そこにおける祖先の意識はまったく別世界のものになる。同族組織が依拠している父系単系出自の重視に従えば、系譜の線は大先祖とか開祖とよばれるものに収斂《しゅうれん》するが、父母双系出自を重視すれば事態は正反対であり、通婚範囲である一定地域、したがって村落全体に拡散する。とすると、すでにのべたように同族組織でさえ村では村落の生活を前提として存在してきたのであるから、かつての時代には村としての神祭、村としての祖先祭祀がすべてに優先していたと考えられる。盆行事をみても、亡霊鎮送の呪術に発する盆踊りが村として行なわれ、正月の神を送るトンドの行事が同様に村として行なわれているのはその名残りといえるだろう。現在の家ごとの祖先供養が家の私事として相互に孤立してなされているのは、封建時代を通じて武士の家族制度が一般に浸透したのと、近代になって村落共同体が解体し、家の孤立が明確になった結果といえる。

柳田民俗学と祖先崇拝

柳田氏の基本的立場

日本の民俗学の提唱者、最大の推進者が柳田国男氏であることは、なんぴとにも異論のないところであり、ひとはむしろその業績からうける恩恵の大きさに苦しむであろう。本書のこれまでの記述でも直接間接に柳田氏に負うところが多いのは、あらためて断るまでもない。しかし、柳田民俗学の中心問題は家を単位とする祖先崇拝であると考えられるだけに、この「家と祖先」と題した本章では、どうしても柳田氏の立場そのものをまともに吟味しないですますことはできないと思われる。柳田氏の仕事とその成果にたいしては、すでに多くの批判もあり、まとまったものとして中村哲氏の『柳田国男の思想』のようなゆきとどいた批判的評価もある。それらをも参照しつつ柳田氏の立場を吟味しておきたい。

私見では、柳田氏をあらかじめ規制し、実証科学としての柳田民俗学を外から方向づけた、およそ三つの条件がある。第一は、柳田氏が代表的な明治の開明官僚の一人であったことである。明治八年に兵庫県の山あいの村に生まれ、東京帝大を出て農商務省にはいり、以後、宮内庁書記官をへて大正八年貴族院書記官長をやめるまで、つねに内閣直属のエリート官僚のコースを歩み、貴族院を辞したのちも朝日新聞論説委員として、生涯オピニオン・リーダーをもって任じたのであった。民俗を調べるにあたっても、彼の明治官僚の指導者意識がその方向を大きく規制したと考えられる。第二は、民俗の内面的なものをさぐろうとするとき、柳田氏に「逝ける古代人を霊媒するかのような天性の鋭い特異な感覚」(中村哲)があったことである。柳田氏は明治の新体詩人の一人であり、その感覚的・浪漫主義的立場は、氏の民俗学における実証をまま主観的なものたらしめて、鋭い洞察をさせる反面に独断におちいらせる危険をもともなったといえる。

第三に、もっとも重大と考えられる条件として、民俗にアプローチする柳田氏に固定観念的ともいえる神道主義があったことである。昭和一八年の『神道と民俗学』の自序には、「私は常に自分の故郷の氏神鈴ヶ森の明神と、山下に年を送った敬虔なる貧しい神道学者、即ち亡き父松岡約斎翁とを念頭に置きつつ、注意深き筆を執ったつもりである」と書かれている。この父松岡操は医者で儒学者であったが、中年に神官となった人であった。この故郷と父親とに、柳田民俗学のいわばイデアルティプスがあったと見ることができる。この「実は実父が中年から改宗した神官でありまして、所謂古学の最も追随者でありましたから、幼年の時分から所謂トックニブリ（外国風）とノチノヨブリ（後世風）との必ず改むべきものであることを十二分に聞かされた者であります」（「神道私見」）。柳田氏の神道は、みずから新国学、第二の古学派と規定したように、荷田春満《かだのあずままろ》にはじまり本居宣長、平田篤胤にいたる古学派の神道観に近い立場である。それは、中世の儒学や仏教に影響された「京畿《けいき》縉紳《しんしん》と武門土豪だけの信仰」の立場ではない反面、民間信仰のなかでも現実に生きて結びついている仏教や儒教的なものを、ありのままに認識し評価するというよりも、ひたすら排除しようとはやって、かえって民俗の事実をとらえそこなうマイナスを結果せざるをえなかった。

『先祖の話』

およそ以上のような条件をせおう柳田民俗学の中で、家と祖先崇拝の民俗はどのようにとらえられているか。まとまった形では、いうまでもなく昭和二〇年の『先祖の話』がある。柳田氏は、先祖ということばには、「家の最初の人ただ一人」と、「自分たちの家で祭るのでなければ、何処も他では祭る者の無い人の霊」との両方の意味があるとして、とくに後者こそ民間信仰の本来の形であるとして、その祖先崇拝のありかたを注視する。そして柳田氏がここでもっぱら関心をはらっている「家」は、「花びらのやうに中心を持った集合体」と讃美される家父長制家族である。本章の前節で、「家」の成り立ちかたには父方単系制と父母双系制との二つの違いのあることがのべられたが、柳田氏はもっぱら前者による同族組織を家の理想形とみなし、「家督の重要性」を強調し、「家の永続」ということを価値基準としている。「近くに固まって住む本家分家の間柄までが、もっと冷淡であってもよいといふやうな考へ方に、かぶれて行く者が多くなって居るのである。私などの考へて居ることは、先祖に対するやさしい又懇ろな態度といふものが、もとは各自の先祖になるといふ心掛を基底として居た。子孫後裔を死後にも守護したい、家を永遠に取続くことが出来るやうに計画して置きたいといふ念慮が、実は家督といふ制度には具現せられて居るのであった。其点に思ひを致さぬ者の多くなる傾きが有るのは気がかりである」。柳田氏のこのような意見は、もはや民俗の客観的な解明であるよりも、明治の家父長制をよしとする、官僚的な保守主義者の個人的心情の表明であり、しかもこのような心情が『先祖の話』を内容的にも支配していると考えられるのである。

祖先崇拝そのものは、柳田氏によってどのように理解されているだろうか。極端ないいかたをして一言でいえば、柳田氏は日本の神々すべてを祖霊に還元する——あるいは、還元できることを期待する。田の神も山の神も年の神も、氏神も産土神も、さまざまな神社の祭神も。別のいいかたをすれば、氏は祖霊を日本の神の起源とみる、あるいは、日本の宗教民俗を祖先崇拝一本でまとめて理解しようとする。ここには、中村哲氏の指摘するとおり、「家父長制に結びつく祖先崇拝を過去にさかのぼって理由づけようという柳田氏のイデオロギー的な作為がみられる」ともいえよう。柳田氏自身が祖霊にたいする崇敬心をもち、またみずからも子孫によって崇拝されたいという願望を強くいだいていたのである。「魂になってもなほ生涯の地に留まるといふ想像は、自分も日本人である故か、私には至極楽しく感じられる。出来るものならば、いつまでも此国に居たい。そうして一つ文化のもう少し美しく開展し、一つの学問のもう少し世の中に寄与するやうになることを、どこかさゝやかな丘の上からでも、見守って居たいものだと思ふ」(「魂の行くへ」)。

柳田氏の霊魂観と神観

柳田氏は、「特に日本的なもの」と考える、魂についての日本人の信仰を列記している。第一は、霊は死んでもこの国に留まって遠くへは行かぬと思ったこと、第二は、顕幽二界の交通が繁く、いずれか一方のみの心ざしで招き招かれることができると思っていたこと、第三に、子孫のための今はのきわの念願が死後には必ず達成すると思っていたこと、第四に、ふたたび三たび生まれ替わって同じ事業を継続できると思っていたこと。これら四つの信仰箇条は、いずれも結局は柳田氏の祖先崇拝の観念にもとづいて選び出されたものと考えられる。さきに引用した「魂の行くへ」の文章を、柳田氏にもう少し客観化して表現してもらうと、「この島々(日本)にのみ、死んでも死んでも同じ国土を離れず、しかも故郷の山の高みから、永く子孫の生業を見守り、その繁栄と勤勉とを顧念して居るものと考へ出したことは、いつの世の文化の所産であるかは知らず、限りも無くなつかしいことである」ということになる。

柳田氏がえがいた「固有神道」における祖霊と神のイメージは、簡略化していえば次のようになる。共同体のなかの家の一員として死ぬと、一年は新精霊《にいじょうろ》、荒忌《あらいみ》のみたまとして十分に祭られぬと祟りをするが、通例は三三年、まれには四九年、五〇年の年忌がすむと「喪の穢れから全く清まはり、神として之を祭ってよい」ことになる。そしてそれぞれの霊魂は、祖霊は個性をすてて融合して一体になる、つまり御先祖さまという神になる。その神は部落のさかいの霊山に宿り、山の神となる。「春は山の神が里に降って田の神となり、秋の終りには又田から上って、山に還って山の神となる」。そして「神になるといふのと、生まれ替るといふのとは、必ずしも両立せぬ考へ方では無い。死後或る期間に再び人間に出現しなかった霊が、永く祖神となって家を護り、又この国土を守らうとするものと、昔の人たちは考へて居たのかも知れない」という都合のよい解釈もされなければならない。微に入り細をうがった柳田氏の論を過度に単純化すると、およそ以上のようなイメージになる。柳田氏がえがく「祖霊の融合単一化」というものが、どこまでの範囲の拡散融合をゆるすかは分明ではない。あくまで同族組織の祖霊にとどまるのか、村落の生活共同体全体にまで及ぶのか、さらにはそれを超えて拡散融合しうるのか。柳田氏は「村の氏神」の成立を、社会的には「祭の合同」、心理的には「祭を盛大に、又楽しいものにしたいという願ひ」にもとづけている。祭を合同すれば、祖霊たちのほうが気をきかして融合してくれるというわけである。また、名ある大神を勧請した氏神社の成立は、狭い意味の氏神がもともと生前にその大神を仰ぎ敬い、「自らの力のなほ限りあることを認めて、汎く国民一般の信仰を背景とするに非ざれば、子孫擁護の志を遂げ得ざるもののやうに、既に生前から感じて居た結果とも見られる」といい、しかもまた、「少なくとも遠い上世の統一政策の、次第に効を奏したもの」という政治的理由をも評価する。しかし、いずれにしても、アニミズムに立つ柳田氏の祖霊と神において、それを存在論的な意味での実在、アニマとみなしているのは、あくまで「家」の先祖と神までが本来であって、村の氏神や中央からの勧請神などは、社会習慣、心理的願望、政治的教化などが後次的に作りだしたものとみなしている感がある。はたして日本人の古い宗教が家父長制的な「家」の観念から出発したものであるかは、きわめて疑問であろう。

民俗の事実問題としての批判

柳田氏の家と祖先崇拝一本の観点による民俗の解釈にたいする、対立見解ないし批判は、すでに挙げた中村哲氏の書物の「祖先崇拝」の章に整理されている。田の神と山の神とが同一であるとする柳田説にたいしては弟子の折口信夫氏の反対があり、むしろ田の神の信仰のほうがひろく行なわれていて、それが時には山の神と結びつくこともあるだけで、柳田説は立論が逆ということになる。またもっとも根本的な対立説は津田左右吉氏の『日本の神道』である。津田説は、民間信仰を直接に問題にしたものでなく、記紀など朝廷の文献、神道学者の書物を検討して立論されたものであるけれども、人を神に祭ることは日本の古来の風習ではなく、たとえ特定の英雄を神として祭ることはあっても祖先を神として祭ることはなく、そういう説はたかだか江戸時代の神道家によって作られたにすぎぬという。この場合、津田氏が重視するのは、日本人の死穢の観念であり、死を連想させるタマはカミになることはできず、それは動かすことのできないものと考えている。柳田氏は、自説におけるこの難点をいわゆる両墓制によって解こうとしたわけだが、これによって、なぜ人間が死によって神となるかを説明できるのか、依然として理解しにくいのである。霊が浄化されることと、それが人間の救済者としての神となることとの間には飛躍と超越性とがあるはずであって、古代の日本人が、そこを連続的・内在的に考える柳田氏のような現世主義と同じ意識をもっていたかは、にわかに信じがたい。柳田説をとるには、よほどの無理と不自然さをおかさねばならないのである。

古代日本人にとっても、祖先崇拝の宗教と神の宗教とが二本立てになっていたであろう。津田氏は日本人の神の観念、神社の起源を自然崇拝にみようとしている――津田氏の解釈では、氏神は祖先が祭ったものであって、祖先である人を祭ったものではない――といえるが、むしろこれが日本の神道研究者の通説であって、柳田氏の祖霊説は独自の少数意見なのである。

そしてこのような柳田説は、『先祖の話』の記述からは離れるけれども、国家神道としての伊勢信仰と民俗信仰としての祖先崇拝をも連続的にとらえることになる。天皇家の氏神信仰に血縁以外のものが加わっただけという、家から村、国への連続的拡大の面が重視されて、そこに当然含まれ、本当は柳田氏も気づいているはずの政治的対立や支配関係の面は軽く見過されてしまっている。ここにも、明治の国家官僚としての柳田氏の立場が反映しているのである。『先祖の話』の中には、このような立場が古い民俗の解釈としてでなく今日・現代の柳田氏の信念として語られている。「現に家の退転や不心得者の相続によって、もう祭られなくなった先祖は多いけれども、氏神の御社だけは国の保護もあって、もう家と共に無くなるといふ場合が少なくなったのである」と、国家神道をも肯定するような意見が表明されているのである（柳田氏はすでに大正七年の講演「神道私見」において、神社信仰が宗教であることを力説するのはよいとして、大正二年以来文部省宗教局が仏教、キリスト教とともに神道各派のみを管轄し、別に内務省神社局が神社神道を管轄していることを批判しているが、それは明治憲法下の政府の苦肉の政策以上の国家神道化を主張する結果になる意見なのであった）。

柳田民俗学の根本の立場には、島国という日本の地理的自然的条件を基礎としてこのようないわば家と国家とを無媒介に結ぶ国家神道的なものがあり、柳田氏自身において国家を超える普遍神への志向は成立しえないものであったことを、氏の読者はあらかじめ留意しておく必要があるであろう。

柳田氏の仏教観

古学派のイニシエブリに帰ろうとすることに日本民俗学の使命をみている柳田氏にとって、日本人の宗教民俗にはいりこんだ仏教は、じつにまがまがしき宗教である。祖先崇拝の民俗を見る場合に、柳田氏には日本の現実の習俗となっている神仏習合、仏教と神道の融合の歴史的現実的な意味を評価する視点はほとんどない。

柳田氏が仏教の説くところとしてもっとも嫌悪したのは、日本人の死後の観念、霊は永久にこの国土のうちに留まるという信仰が否定されることであった。「日本人の志としては、たとへ肉体は朽ちて跡なくなってしまはうとも、なほ此国土との縁は断たず、毎年日を定めて子孫の家と行き通ひ、幼い者の段々に世に出て働く様子を見たいと思って居たらうのに、最後は成仏であり、出て来るのは心得ちがひででもあるかの如く、頻りに遠い処へ送り付けようとする態度を僧たちが示したのは、余りにも一つの民族の感情に反した話であった」。このような現世主義こそ、仏教のみならず、いずれの外来宗教の教理とも明白に違う、神道の眼目であると柳田氏はいう。たしかに、これは柳田氏の直観と感覚の鋭さを示す指摘であって、日本の民間の仏教の実状は「どういふ上手な説き方をしたものか、二つを突き合せてどちらが本当かといふやうな論争は終に起らずに、ただ何と無くそこを曙染《あけぼのぞめ》のやうにぼかして居た」と柳田氏に攻撃されるとおりであろう。

しかし反面、すでにこれまでの章で幾度ものべられたように、柳田氏のような現世主義にとどまれない宗教的要求が日本人自身にあったればこそ神仏習合も行なわれたのであり、また仏教も「遠く十万億土の彼方へ往ってしまふ」ことばかりを説いていたのではない。むしろ還相廻向《げんそうえこう》を説き、「穢国に還り来て人天を度す」ということを教えてきたのが浄土仏教であった。柳田氏の仏教観から知られる特徴的なことは、氏に内面的な弱さに由来する形での宗教的要求が不在なことである。そして柳田氏の現世主義的神道観からは、実は神道における「死穢の恐怖」そのものの成立も説明しえないといえるであろう。「忌みの思想」の章でもふれたように、柳田氏の立場では、せいぜいそれを「我々の弱味」と解するにとどまり、死穢を忌まない念仏宗門が「競争に勝った」と認めるほかなかったわけである。また柳田氏自身が「我国固有の先祖祭思想の、恐らく予期しなかった新しい追加」と考え「仏法の世界教としての一つの強味」と承認する、「一切精霊」「三界万霊」を祭るという「種族を超越した信仰共同への大きな歩み」も、結局は正当に評価されずに終わるのである。もし柳田氏が仏教のそのような普遍宗教性を正当に評価する内的要求をもっていたとすれば、氏は自身の祖先崇拝一本の神道主義の限界を説かねばならなくなったはずだからである。氏はかえって、歴史的な仏教が「教理の許す限りといふよりも以上に、先祖を追慕する各家庭の感覚と、協調して行かうと試みて」きたことを見ることのほうに、満足を感じたのであった。「三百年来の宗旨制度によって、うはべは仏教一色に塗り潰されてから後までも、今に至ってなほ是に同化し得ない部分が、この肝要なる死後信仰の上に、可なり鮮明に残って居るといふことに、心付いたのは嬉しかった」。

これからの家と祖先

柳田氏がいっているように「家」は原則的に「土地」がその基礎であった。その土地からのさまざまな形での恩恵から離れざるをえなかったところに、今日の共同体の解体と核家族の成立がある。この状況のなかで、伝統的な祖先崇拝はどうなるだろうか。まず、現代の家が夫婦単位、ないし夫婦とその子ども単位の核家族になってきたことから、生命崇拝ということが続くとすれば、昔からの祖先崇拝が逆に子孫崇拝とでもよぶべきものに移ってゆきつつあるという現象がある。過去への生命のつながりではなく、自分の子ども、子どもの子どもというふうに、将来への生命のつながりをいわば祭るということになる。超越神を信じかねる現代日本の親たちにとって赤ん坊が神の役割をはたすかのようである。生まれたての赤ん坊にいだく親の期待ほど大きなものはない。神のごとくに無心な赤ん坊へよせる親たちの無限大・無限定な期待が現代流の祈りともいえる。現代のこの神々は、世界のいたるところで何秒に一人という驚くべきペースで出現しては、すぐにみな人間になってしまう。このシジフォスのごとき営みのなかで、現代の親たちはそれぞれ自分の神に期待のまなざしを集めているのである。しかし、はたして現代日本人の宗教がこのような形のもののみで終わりうるであろうか。

柳田氏が夢みた形のものではないにせよ、祖先崇拝は、日本人の宗教意識と生活の恒常的パターンとして、続いてゆくとも考えられる。そして、今日の祖先崇拝は、共同体、同族組織の解体によって必然的に、おのおのの核家族だけの排他的なバラバラのものになる度を強めているが、強いて楽観的にいえば、今日のこのようないわゆる大衆社会状況は新たな、より自由な共同体をつくり出しうる前段階とも期待される。古い共同体のタガがこわされたことは、さまざまな縁によってさまざまな「開かれた」人為的な共同体を再構成してゆく自由を得たことでもある。コミュニケーション手段の拡大は、社会が広がったことを意味し、むろん国家という運命的なものがかぶさっていて道は遥かだが、極端にいえば個人と普遍者とが直結できるような現実的地盤がはじめて作られつつある、その前段階であるともいえよう。

祖先崇拝はたんに血縁のそれに限定されずにより普遍化されて、結局は「三界万霊」の供養のようなものとなり、したがってたとえば各家の仏壇も、その中心は先祖の位牌よりも普遍的実在としての仏であるという、名前どおりのものになるかも知れない。むろん、祖先崇拝が存続するとしてである。死者の霊魂が個性を持ち続けると考えるか、融合単一化すると考えるかは、これからの日本人の死生観がきめることである。

死生観

死の作法

浄土教の臨終行儀

宇治の平等院鳳凰堂や浄瑠璃寺をはじめ、われわれは平安後期の浄土教の華麗な遺構を、数多くもっている。古代国家の解体現象がしだいに顕著となり、自己の世界の終末を予感しはじめたこの時期の貴族たちの浄土信仰は、それだけに美的観想的傾向がつよく、彼らは美しく盛大な法会によって浄土のさまをこの世に再現し、この世のことを忘れてひたすら美的法悦に浸ったとされている。

けれども、ことの真相ははたしてこれだけであっただろうか。慶滋保胤《よししげのやすたね》の『日本往生極楽記』にはじまるこの時期に成立した六種の「往生伝」は、全部で三四六人の往生者の行業を記しているが、この種の書物が主眼とするところは往生者の臨終にあらわれた奇瑞《きずい》と、彼らが極楽往生したことを実証する歿後の奇蹟や夢告を記録し、これを後世に伝えるとこ

中尊の手から五色の糸がさがっている阿弥陀図（京都金戒光明寺）

ろにあった。恵心僧都源信は、その著『往生要集』のなかで臨終行儀について記している（巻中之末第二）。それによると、極楽往生を願うものは病気が重くなって危篤状態になると、無常院とよばれる別の場所に移される。そこは散花・焼香によって荘厳され、金色の阿弥陀像が安置される。この像は右手を上にあげ、左手には五色のひもをつなぐ。そして病人はこの像の前にあって五色のひもをしっかりともち、一心に聖衆来迎の姿を空想しながら念仏を唱える。念仏の声は絶やしてはならないが、このとき、もしも病人が阿弥陀仏の来迎する姿をみることができたら、それをただちに看病人に告げ、看病人は病人のいうまま記録しなければならない。また、病人がなにもいわないときは、看病人は病人に向かってどのようなものがみえるかをたずねる。

そして病人の脳裏に以前に犯した罪のことが浮かぶようであったら、看病人もともどもに懺悔して罪のゆるしを願い、そのうえで来迎を願ったらきっと阿弥陀仏は来迎してくれるというのである。

このような規定は多くの人によって守られ、関白藤原道長もその一人で法成寺の阿弥陀堂の阿弥陀仏の前で糸を引いて死んだと伝えるが、考えてみればまことに乱暴な話というほかない。現在の常識では、たとえ癌の診断を下しても医者はこれを本人に告げないし、近親者も本人の前ではひたすら押し隠し、死の直前まで病人に生きぬく勇気をもたせようとする。ところが以上の臨終行儀では、病人に死期の近づいていることを知らせるばかりか、友人縁者が周囲をとりかこんで念仏をとなえ、なにがみえるかを問いたずねて記録し、みえるものが悪ければ懺悔をせまるというのでは、その名は臨終行儀でも実質は自殺の作法であり、自殺幇助の規定ともいえる。それでは、なぜこのようなことが行なわれたかというと、臨終の奇瑞の発現がひたすら願われたからであった。すでにのべたとおり、仏神の加護は奇蹟・託宣の類によって示されるものであったから、死のうとするものは後に残るもののためになんらかの形で人の納得する奇瑞を現わさなければならなかったし、周囲のものはそれを助ける義務があった（西口順子「浄土願生者の苦悩」）。出雲美保神社の祭礼には、村人のなかから選ばれた一年神主を湯立ての釜に入れて失神させ、そのまま拝殿の前でその年の豊凶以下のことを託宣させたというが、信仰は個人の内面にあるだけでなく、信仰をひとしくするものの共有物であったから、こうしたことが行なわれたのである。

死の用意

九州西北部の沿岸漁村では、昔、若者組の仲間入りをするときに「締め殺す」といって首を締め、一時気絶させるふうのあったことを先に紹介したが、失神することはこの世と断絶して神の世界に入ることであり、自ら神となって神を目の前にみることで、同時にそれは死でもあった。したがって「締め殺し」に類する風習は、若者組やその遺習をうけついだ旧軍隊での制裁やみせしめの類に転化したが、本来は若者入りをして成年になるという人生の大切な階梯を越えるにあたり、進んで先輩や仲間の助けを借りて擬死再生するという、もっとも神聖な行事であった。そして本当の死はいくつかの人生の階梯の最後にやってくるもっとも大切な関門であったから、人はあらかじめみずからその用意をし、信仰をともにする共同体の人たちの助けによって冥界に帰ろうとした。「死を視ること帰するが如し」ということばは、このような宗教心情のうえに、人びとの努力によって実行されたのである。

平安貴族たちは、しばしばみずからの邸宅を捨てて寺院にした。彼らの住居の内部はまことに単純な構造で、身舎と廂《ひさし》の部分にわかれているだけであり、几帳《きちよう》その他の調度品を使って適宜に間仕切りして住んでいた。だからこれらの調度品を片づけて身舎の部分に仏像を安置すれば、そこがそのまま寺院本堂の内陣となり、廂の部分が外陣となる。後世の住宅様式ではこのようなことはできないが、平安時代には住宅建築と社寺建築とは未分化の状態であったから、貴族たちの邸宅はそのままで寺院になったのである。ところが、こうした形でつくられた寺院は通常の寺院とは趣を異にし、檀越である貴族たちの別荘の意味を兼ねていた。彼らは健康をそこねたりするとこうした寺院に移り、休息をとって療養したし、いよいよ死期が近づいたときにはそこを無常所《むじようしよ》とし、かねて昵懇の僧侶を導師とし、近親縁者にかこまれて臨終を迎えた。

こうしてみると、この時期に発達した阿弥陀堂建築は、盛大な法会を営んで美的法悦に浸る場所であっただけではなく、建立者たちの無常所の意味をもち、臨終行儀を行なって奇瑞の発現することを期待する場所であったといえる。阿弥陀堂内部の荘厳は、いざというときに奇蹟を生みだしてくれるよう、精魂を傾けてなされたものとみるべきで、その表面の華麗さだけに目を奪われてはならないといえよう。そして貴族たちはこのような豪華な無常所をもったが、庶民はまた彼らの貧しい無常所で臨終を迎えた。たとえば、戦国時代の貴族であり学者であった三条西実隆の日記によると、彼は三〇年とか七〇年もの長年月つかえてきた下男下女たちが病気にかかり、余命いくばくもないとみるや、これを法性寺辺とか今出川辺、あるいは付近の観音堂の小屋に捨て去り、間もなく死んだと聞くと、「不便々々」と日記に書きつけている。これは家に死穢が及ばないための処置とも考えられるが、危篤になった下男下女が捨てられた場所は、庶民たちの無常所であったのではなかろうか。現在の常識からみると人権無視もはなはだしいことであるし、こうした無常所で迎えられる臨終は悲惨といえばこれほど悲惨なことはないけれども、一方では現代人の考えるように死が絶対の断絶とは意識されていなかったと考えられる。

墓制の問題

両墓制の背後

死者の遺体を埋葬した上に石碑を建て、あるいは火葬した遺骨を墓石の下に収めて、以後も永くその死者を祭るのが現在の一般的な習俗である。ところがこれに対して、遺骸を埋葬したところには木や竹で簡単な墓標をしつらえるだけで、そこへの参詣はそこそこに打切り、それとはまったく関係のない別の場所に石碑を建て、そこを永く祭りの場所にする習俗がある。こうしたものを両墓制となづけ、前の一般的なものを単墓制とよんで区別しているが、両墓の墓制は沖縄・奄美列島を除いた本土全域にみられ、なかでも近畿地方の山村・漁村にもっとも濃厚に分布している。

両墓制にあって第一次葬地である埋葬地を「埋め墓」、第二次葬地を「詣り墓」とよぶが、これは研究者が総称しているだけで、実際にはさまざまなよび名がある。埋め墓については、もっとも多いのがサンマイ（三昧）であり、ノバカ（野墓）・イケバカ（埋ケ墓）・ミバカ（身墓）などとよび、ナゲショ（投所）・ステバカ（捨墓）などともいう。これに対して詣り墓はラントウ（卵塔）が多く、ヒキバカ（引墓）・ヨセバカ（寄墓）・キヨバカ（浄墓）・カラムショ（空無常）などとよんでいる。こうしたよび名をみると、埋め墓は穢れた遺体を埋葬するところであり、詣り墓は遺体から遊離して浄化した霊魂をひきよせ、ここで祭りをするという意識があらわされている。埋め墓は集落から離れた村境のようなところにある例が多いのに対し、詣り墓は集落の中央や寺院の境内とか、集落を見下す小高いところにあり、永久墓地としてふさわしい場所にある。そして、はげしい例では埋葬の翌日から埋め墓に立寄らないというところもあり、埋め墓に設けられる墓標はまことに簡単で、数年のうちに腐ってもとの原野にもどり、後から新しい死者を埋葬するとき白骨が掘り出されることがあっても、だれもこれを意に介さない。

しかも各地の詣り墓の姿をみると、字が磨滅してだれの墓かわからないようなものだけが並び、年忌法事にはここへ詣るといいながら、村の戸数よりも石碑の数の少ない例さえ珍しくない。死者の霊魂は死後一定の期間は生前の個性をもつけれども、その後はしだいに祖霊とよぶべきものに習合してゆくから、別に個々人のために石碑を建てる必要がなかったことがうかがわれる。それに庶民のあいだで石碑が建てられるようになったのは近世になってからであるから、それ以前は自然の石や樹などを依代として、村や同族ごとに祖先の祭りを営んだと推測されている。

こうして両墓制の背後には古い信仰がうかがわれるのであるが、この習俗が民族社会の周辺部ではなく、山村や漁村とはいえ近畿地方という国の中央部に濃く分布していることと、もう一つは死穢に対する異常に鋭敏な感覚にもとづいていることに疑問が残る。すでにのべたように、埋め墓には埋葬の翌日から立寄らないというほど死穢を忌む意識は庶民たち本来のものではなく、古代国家の支配者層からはじまり、しだいに民間に流布するようになったものである。そうすると、両墓制は貴族たちのあいだに新たに発生した意識をいちはやく受容した人たちのあいだで、後次的に成立した特殊な墓制ということができ、これが近畿地方に濃く分布しているのも、そのことを示しているのではなかろうか。両墓制は全面的に古い信仰をそのまま伝えているとはいえないように思われる。

死者のゆくえ

たとえば、沖縄では洗骨葬とよばれるものがあった。これはもとは風葬と対応するもので、遺体を洞窟などにおさめ、一定の時がたって風化すると骨を海水できれいに洗い、壺に納めて祭祀の対象にする。遺体が腐爛しているあいだは避けても、白骨化してしまえば忌むことはないし、昔は遺体を洞窟におさめてから、腐爛して臭気を発するまでは毎日そこを訪れ、死者の顔をのぞいたし、とくに死者が年若いときなどは遊び仲間だったものが死者の周囲で思う存分に踊り、その霊をなぐさめたという。『古事記』の天孫降臨の段に、天若日子が死んだとき喪屋をつくり、遺族が八日八夜の遊びをしたという所伝を思わせる習俗である。そして本土ではこれほど顕著なものはないが、いちど土葬してから、白骨化するのをまって掘りおこし、あらためて葬りなおすというふうは大分県、和歌山県、東京都大田区、八丈島、千葉県、長野県、愛知県などで報告されており、そのうち一、二の個所では掘りおこしてから火で焼き、いっそう清らかなものにするといわれる。

こうしてみると、風葬や土葬のあとに洗骨改葬する葬法は、洗骨改葬という第二次葬をおこなうという意味で両墓制の詣り墓に通じるものがあり、その反面、両墓制のように極端に死の穢れを忌まずに、白骨化したら穢れとしないという点で、両墓制に先行する葬制を考えるとき、重要なてがかりになるものである。そして東北地方や九州に両墓制がみられないのは、両墓制が波及する以前に、いわば中間段階をとびこして現在の単墓制に進化したためと考えられるが、それはともかくとして、洗骨改葬の制にしても、遺骨は浄化した霊魂の依代というべきものであり、死者の霊魂はしだいに個性を薄めてゆき、やがては祖先の霊一般というべきものに習合するが、そうした祖霊は山や海の彼方から、子孫のもとを年間定期に訪れて、その祭りをうけるものとされてきた。

そのうち盆と正月はもっとも大切な祭りの日で、長野県から東北地方では大晦日の晩や正月になってミタマを祭り、盆の精霊さんの供膳とおなじように握り飯か、盛飯にいく本かの箸を挿したミタマノメシを供える。盛飯に箸を挿すのは葬式のときの供物として都会でも行なわれているが、これらのことは正月も盆と同じ祖霊祭の日であったことを物語っている。そして、沖縄では遠く海上にニライカナイという楽土が想定され、そこから神も祖霊もやってくるとされてきたが、本土では「記紀神話」に海上にある常世国《とこよのくに》のことが語られ、そこはネノクニともよばれた。東京浅草の観音が漁師の網にかかって示現した縁起は有名であるが、神や仏が海から漂着した話は全国無数にあるし、盆の祭りが終わったあと、精霊さんを川や海に流す行事も多く、盆の灯籠流しとして一つの祭礼になっている例もある。また、山は農民にとっては海よりもはるかに生活と密着し、山から流れ出る水は田をうるおし、山の神は春先きに田の神となって里に降り、秋の収穫を終えて山に帰る話は各地で聞かれるが、こうした山は死者の霊魂の昇って行く先であり、高野山をはじめ諸国の霊場とよばれるものはほとんどが山にあり、そこでは納骨・納髪・塔婆供養などの形で死者や祖先の供養が行なわれ、越中立山の反魂谷のように、死者の霊に会えるというところも多い。

生の実証

幽明の境

北は青森県下北半島の恐山から、南は九州の阿蘇・雲仙まで、火山地帯の噴出する地熱がおそろしい地形をつくりだしている場所を地獄とよぶ例は多いし、そこには、かならずといってよいほど賽《さい》の河原とよばれるところがある。しかし、これだけならば経典に説かれている地獄の光景をそのままこの世にあてはめたにすぎないといえるが、それ以外に、平野部でも賽の河原とよばれるところは各地にある。たとえば京都市右京区の西大路通と四条通りの交差点付近一帯は西院と書いて「サイ」とよび、西院（賽）の地蔵さんが祭られているが、ここは中世の京の町の西のはずれにあたっていた。また石川県能登半島の鳳《ふ》至《げし》郡能登町波並《はなみ》の村はずれ、海岸ぞいの道に面して地蔵堂があり、付近を才《さい》の川原とよび、夜になると赤ん坊の泣き声がきこえ、ここを通る人は石を積んで死んだ子どもの霊をとむらったという。

こうして賽の河原とよばれるところが村はずれの辻や河原とか、峠のような場所にあることから、賽の河原の「サイ」は「サイの神（道祖神）」の「サイ」であるといわれている。道祖神というのは村境に立って村に悪いものが入ってこないように守ってくれる神で、「サイ」というのは「境（さかい）」の意味であり、必然的にサイの神はこの世とあの世の境にある神で、人間の生死をつかさどる神とされてきた。ある男が村はずれの辻堂のなか

恐山　賽の河原

に隠れていて道祖神の秘密の相談を盗み聞きし、それで人の生死を予言して手柄をたてたという類の話は多い。そして人が死んだとき、大人の場合は遠くへ葬るが、この世の穢れに染っていない子どもの場合は、もう一度この世に生まれかわってくるように村境の道祖神のほとりに葬ったので、道祖神のそばで赤ん坊の泣き声が聞えたり、子宝を授けてくれるように道祖神に願をかけるということがはじまったと説かれている。

死んだ子どもたちがあの世の賽の河原というところに集まり、この世に残してきた親兄弟や自分自身のために石を積んで供養し、そこへ地獄の鬼があらわれてようやく積んだ石を崩して子どもたちを苦しめるという話は、「地蔵和讃」の物悲しい曲調にささえられて有名であるが、こうした説話は以上のような道祖神の信仰に仏教が結びつくことによって成立した。村はずれの路傍や峠に祀られている石地蔵は道祖神の代わりであるし、あの世の賽の河原で子どもたちが石を積むということも、道祖神を祀るときに石を積んだ古い習俗が反映したものという。村がそれぞれ相互に孤立して存在していた時代には、この世とあの世の境もまた、まことに近いところにあった。それは村境にある道祖神を祀る場所であったから、村の外から村を訪れるものが聖なる世界の使者とされたのも当然であったといえる。そして中世から近世にかけて村々の孤立性が解体しはじめるにつれて、この世とあの世の境も次第に遠くなりはじめた。それは中世以後、民間を遊行することが頻繁になった僧侶や神人たちの参加によってなされたが、その結果として道祖神の信仰が仏教と深く結びつくことになり、賽の河原は村からだんだんに離れてゆき、霊山・霊場とよばれるところに設けられるようになった。

生と死の連続

近世の神道家たちは、この世とあの世との関係についてのべるとき、しばしば簾のたとえを用いた。簾は明るいところから暗いところは見えないが、反対に暗いところからは簾を通して明るいところがみえる。この世とあの世のあいだには簾のようなものがあって、明るいこの世のものはあの世が見えないけれども、幽界からはこの世がよくみえるというのである。こうした説は神道家たちの思いつきとはいえないだろう。昔から、たとえ遠く離れて住んでいても、子どもは親の死に目に間にあわねばならないとされてきた。人情の当然といえば当然であるが、このことは以前はもっと別な意味を含んでいた。すでにのべたように、この世に残るものは力を合わせて死者をあの世に送ってやる義務があった。だからまた、新しくこの世に生まれてくるものも、力を合わせてこの世の仲間入りを助けなければならなかった。神道家たちの説いた籠のたとえは、このようなあの世とこの世の連続観に支えられていたといえよう。

コトリバパというと、夕暮れに風のようにやってきて子どもを誘拐してゆく妖婆になっている地方も多いが、これは本来はトリアゲババ、ヒキアゲババとならんで産婆役をする婦人をさすよび名であった。子どもをトリアゲルとかヒキアゲルというのは、新しい生命がこの世に出るのを助け、引上げてやるということで、生まれた子はそのままにしておくと、またあの世に帰ってしまうという意味がこめられている。そのため、とりあげてもらった子どもにとって、とりあげてくれた人は恩人であり、親に準ずる人として七夜の祝いや宮参りはもちろん、子どもが成長したのちも、もの堅い家では五つの髪置・袴着や、七つの氏子入りまで正月と盆にはつけ届けした。そして、とりあげてもらった子は結婚式にはかならずとりあげてくれたお婆さんを招待し、お婆さんの葬式には、お婆さんの実の子のように棺のそばにつきそったという村も多い。人が死んだとき、タマヨバイといって屋根に登って大声で叫ぶのに対して、難産のときにも夫が屋根に登って叫ぶふうのあったことは先に紹介したが、双生児が生まれたときもおなじようにする例もある。人が死ぬとクイワカレといって死者の枕許に膳を供え、その場で近親者がいっしょに食べる習俗があるのに対し、子どもが生まれるとすぐに御飯をたいて生まれた子と産婦の枕もとに供え、産婆や手伝いの人はもちろん、できるだけたくさんの女の人に集まって食べてもらうとよいといい、これを産飯《うぶめし》とか産立《うぶたて》の御飯とよんでいる。人の臨終と誕生にあたっての儀式に類似点が多いのは、これらがいずれもこの世とあの世のあいだの関門を通りぬけるからである。

ミスジソ（三筋麻）とよんで嫁は毎晩夜なべの糸紡ぎに三本だけ余分に紡いで残しておき、これで舅・姑の経帷子を用意するのが嫁の最大の孝行とされたが、その一方、子どもが生まれるとオクルミなどとよんでありあわせの布でくるんでおき、テトオシとよんで三日目の湯をすませてからはじめて袖のある着物を着せたりした。これは生まれた子をだんだんに人の仲間に入れて行くための儀式であり、着物は人間の魂を包む大切なものであるから、死のときも誕生のときも重要な役目を果たしてきた。そして子どもから若者・娘となり、さらに壮年、老年と進む段階ごとに厳粛な儀式があり、それらを多くの仲間とともに一階梯ずつ踏むのが人の生涯であった。生を支えたものは死の場合とおなじ生活と信仰の共同であり、神人の不分離はこのような信仰の共同による生死の連続に対応するものであったといえよう。

ヨーロッパの霊魂観

道祖神は今いずこへ

生と死とは連続的であり、この世とあの世とは親しくあい通じている。肉体は穢らわしい形骸にすぎず、死によって肉体から解放された霊魂は、一定期間を過ぎると、個性を洗い流されて抽象化された一般霊、祖霊となり、年間定期に祭られるために子孫のもとを訪れる。私たちの先祖は人間の生死を大体このように考えていた。そして中世から近世にかけて村々の孤立性が解体しはじめるにつれて、すでに、この世とあの世との境はしだいに遠くなってゆき、人間の生死をつかさどる道祖神も遠隔の霊山・霊場へとひき退っていったのであった。この世とあの世との境の遠さは社会の規模の大きさに比例するかのようである。そこで当然、現代の道祖神ははるか日本の外へ、さらには地球の外の彼方に去ってしまったことになる。あるいはもはや消えてしまったのかも知れない。

人間は歴史のはじめから、死という不可解な現象をいかに納得するかに様々な思案をこらし、個人にとっては、この問題にこそ宗教のはじまりがあったともみられる。いろいろな死者儀礼、葬送の習俗はすべて、死の問題解決の型、その作法の集積であった。そして、それに依拠しているかぎり、自分の死、身内の死をも、あまりひどい動揺なしに通過できた。ところが、古くからの習俗が大きくくずれだし、また人びとの生活が世俗化の道をひたすら進んで死の問題に疎遠になっている現代では、ひとはいざ一大事に直面すると周《しゆう》章狼狽《しようろうばい》せざるをえない。出世の一大事は、解決されているのでなくて忘れられているだけだからである。今日、いろいろ批判をあびながらも、いわゆる葬式仏教がかろうじて人びとの狼狽にフタをしているかのようである。

私たちは自分の死生観にとって、いま要約したような私たちの先祖の死生観がどれだけの意味をもちうるかを、みずからで決着をつけなければならないはずである。現代人は、生と死と断絶したところでひたすら生をもとめ死を恐怖するばかりであるよりは、あらためて、いわばそれぞれの道祖神を探求しなければならない状況にあるといえよう。そして、よい分別もつかぬとすれば、古い習俗を吟味しなおすほかはないであろう。

そこで、たとえば古くからの観念としてある、祖霊への供養ということを考えてみよう。もし日本人が死んだ肉体を形骸として早くに消滅することを願ったとすれば、きわめて素朴な疑問だが、なぜ訪れた先祖の霊魂に飲食物を供えてもてなしをするのであろう。「みたまの飯」「神の御やしない」といわれ「遠い先祖の霊を故土に繋ぎ付けるには、水と米との二つが最も有力な、且つ親しみの深い絆」(柳田国男)とされている。これは、肉体から純化された霊魂をいう祖先崇拝の神道以前に、死者の肉体尊重、死者崇拝の神道が先行したと考えればよいのであろうか。あるいはこれは、仏教の供養の考えがもともと三宝供養だったのを、死者供養へまで妥協し拡張したものなのか。または仏教の施餓鬼という象徴的思考が神道に影響した形なのか。むろんそうではなくて、これは神道固有の儀礼であり、もっぱら祭る者の心情の表現であろう。生者のエートスの問題であろう。しかしそれと同時に、存在論的見地から考えると、しだいに個性を喪失して融合単一化するという神道の霊魂観は、元来、霊魂＝物質観であったとも考えられる。「土に帰る」というアニミズムの観念である。およそ、生と死との連続観からは、霊魂の独立性、超越性は維持されにくく、霊魂と物質との区別原理が成立しがたいのである。

古代ギリシアの二つの霊魂観

私たちの死後の霊魂は実在するか。実在するとすれば、どのように考えられるか。しだいに稀薄化、抽象化する霊魂という日本の固有神道の考えの特異性を考えるために、しばらく目をヨーロッパに転じてみよう。古代ギリシア人の霊魂観に二つの異なる考えかたがあったことは、よく知られている。すなわち、ホメロスのそれとオルフィク教（ディオニソスの宗教）のそれである。ホメロスの霊魂観はその理論そのものは原始的諸民族に共通なものにすぎないが、彼が古代諸民族の間にひろく行なわれた霊魂崇拝ないし祖先崇拝を否定、無視したところに、いちじるしい特色があるとされる。人間は肉体と霊魂（プシケー）とから成り、両者の結合が生、分離が死である。霊魂は呼吸の場合にとくに目立ってあらわれる息または風のようなものであって、死ねば口または疵口から逃れ去る。霊魂は生者の形と輪郭は保存するけれども、煙のごとく影のごとくで捕えがたい。それが肉体と結合している間は人間の生命と精神的活動はあるが、しかも霊魂は精神と同一ではない。すべての精神的活動はむしろ肉体ことに横隔膜の働きであるとされ、ただ霊魂が共在しない時は身体はこの働きをもてないのである。わたしたちには奇妙な考えにみえるが、ここですでに霊魂と精神とが区別されていることは注意しておく必要があるだろう。

ホメロスにとって、肉体を去った霊魂は地下奥深いエレボス、見えぬ暗い国へ永遠に消え去って、夢の中でさえ地上界には現われない。明るい国と暗い国との境を流れるアケロンの河に遮られて、生者と死者の交通は全く断絶される。世界および人生を支配するのは、地下の影のような霊魂などではなくて、オリンポス山に住み、いわば横隔膜原理でほがらかに遊ぶ人間的な神々なのである。このようなホメロスの霊魂観は、活動的なイオニア人らしい徹底した現世主義であり、そこに霊魂不死の思想はなかったといえよう。祖先崇拝の否定という特異さはあるが、ほぼこれがギリシアの国教的な考えかたであった。

オルフィク教の霊魂観

ホメロスにとっても死が問題でなかったわけではない。しかしそれはもっぱら運命として諦念されるべきものと解されていた。ギリシアで、厳密な意味の霊魂不死の思想は、まったくトラキア地方のディオニソス崇拝における神秘的体験によって成立したといわれる。エクスタシーの状態で神との合一、神がかりを体験した以上、霊魂は本性上神的実在であり、それは肉体から独立し対立する原理と信じられたのである。このディオニソス崇拝から紀元前七世紀ごろにオルフィク教が成立するが、これは国教とはちがい、一定の教義と独立の団体をもった宗教である。オルフィク教がヨーロッパで個人そのものに訴える最初の宗教であったといわれる。オルフィク教の霊魂観はどのようなものか。霊魂は不死の神的実在であるが、死という身体との分離によってただちに「解脱」が達成されるのではない。霊魂がこの世に来たのは、生まれぬ前の罪を償うためである。身体を去った霊魂はハデス（黄泉）で審判をうけ、罪が浄め除かれぬ間は、ふたたび三たび、新たな身体、人間や動物の体に宿らねばならぬ。これが「運命の車輪」「生成の環」である。それを免れるのは、神ディオニソスの恵みによってのみである。この救いを齎したものがオルフェウスであり、神より彼に啓示された儀式、ことに浄めの儀式、および禁欲的生活によって、霊魂は穢れを拭い去られ清浄になり神聖になる。本性上不死の霊魂は、ここではじめて輪廻転生の苦を脱して解脱にいたる。

ギリシアにおいても民衆的宗教は、なによりも祭りを意味し、国家的ないし民族的な年中行事を意味したが、それが私的生活に立ちいった場合でも主として伝承・習俗を意味するにすぎなかった。生の革新、内面的転回の宗教をはじめて主張し、はじめて実行したのがオルフィク教徒である。超越的世界の実在性、魂の不死、地上の生活をこえた賞罰、因果応報——これらのオルフィク教さらにはピタゴラス教の新宗教思想が、のちのソクラテスやプラトンら大哲人の宗教思想の一源泉となったのであった。

オルフィク教は、輪廻と解脱の教えである点で、私たちの常識としての日本仏教と類似しているといえる。しかし、とくに両者の顕著な相違は、オルフィク教には祖先崇拝の観念が存在しないことである。ギリシアにおける祖先崇拝の思想は、国教、つまりポリスの宗教のほうに見られる。ギリシア、ローマ人は、死者の遺体をできるだけ原形のままにして、家族とともに暮らさせるために家の地下に埋葬した。本来、彼らには輪廻転生の思想がないと同時に、また死穢の観念もなく、死者は一家の一員として生活を営み続けると考えられた。地中の遺骸は地下の神とよばれ、家の守護神であった。ただ伝統的な埋葬儀礼を行なわなければ、霊魂にとどまれず浮動して怨霊となり、人びとに災いを与えると考えられた（クーランジュ『古代都市』）。このような民間信仰の上に、さきにいったホメロスにおけるようなオリンポスの神々を結合したものが、ギリシア人の民族宗教であった。そして、そこでの祖先崇拝の観念、したがってまたギリシア神話の神々の観念の崩壊過程を示したものが、いわゆるギリシアの三大悲劇詩人、アイスキュロス、ソフォクレス、エウリピデスによってこもごも描かれた、オレステスやエディプスの悲劇、呪われた家系のひきおこす悲劇であったといえる。ここでギリシア文化と思想を表現するものは悲劇から哲学へと移行し、そこでの形而上学では、もはや祖先崇拝的霊魂観が説かれることはできなかったのである。

ラフカディオ・ハーンが、死者の支配、家父長制、祖先崇拝など日本の古い民俗の中に、彼の母方の母国ギリシアの古代宗教への思慕を投影させたことは、よく知られているが、日本のみが近代までそのような観念をほぼ原型のままに維持し、個人の魂の救済と祖先崇拝とを両立させてきた特異な国なのであった。ヨーロッパはやがてキリスト教の霊魂観で洗礼されなければならない。

キリスト教の霊魂観

キリスト教は、いうまでもなく、超越的人格神信仰の宗教であり、人間の堕罪と神の子イエス・キリストによる贖罪とをかなめの教義として成り立っている。人間の死は霊魂と肉体との分離を意味するにすぎず、肉体は腐敗するが魂は存続し、不死である。肉体から離れた魂は、生前の功績の如何によって、天国、地獄、煉獄へ行って、最後の審判の時を待つ。世の終わりにキリストがふたたび世に姿をあらわし、そのとき死者は肉身をとって蘇り、裁きをうけ、神のもとで永遠の福楽をたのしむ者と、地獄で永劫の苦罰をうける者とに決定的に分離される。これがカトリック「教会」の教えである。このいかめしいイメージをもつ霊魂観が、さきのギリシア宗教思想のそれと根本的に異なるところはどこか。キリスト教が不死なる魂の個人性、個性を強調するところである。ギリシア人にとって、時間を超え解脱にいたる自己はもはや個性をもった自己ではない。それは神的知性として、没個性、超個性的なものである。ところがキリスト教ではそうではない。キリスト教において、個々の霊魂が死後、ギリシア哲学的な普遍的霊魂、知性へ帰一すると説く者は、異端としてきびしく斥けられる。なぜなら、この説を認めれば死とともに人間の罪は消え、最後の審判は無意味になってしまうからである。霊魂はそれぞれの個性を帯びたまま最後の審判を待つ。

キリスト教はイエス・キリストの実在的啓示において成立した。イエスやパウロにとって、人格的な神と個人との人格的な交わり、神と人間との絶対的隔絶の上での直接的交わりという神秘の実現こそ、最高の善であった。それは、ギリシア思想が最高善を知性的直観（テオリア）にもとめたのとは決定的に区別される。魂の全体的な転回（回心）という倫理的個性的な要求をもったプラトンにも、ついにイエス・キリストの人格的示現が恵まれなかったのである。かくて、ギリシア的「知性」とキリスト教的「人格」とがヨーロッパ思想の二大原理となったわけである。

キリスト教のキリストの出現と最後の審判とがもつ歴史的一回性は、きわめて峻厳な教義である。キリスト教の霊魂観には輪廻転生はありえない。生と死とはきびしく断絶している。そこに死穢の観念はないが、また祖先崇拝の観念ははいりうる余地はない。そしてこの点こそ、キリスト教をむかえた日本人にとっての躓きの石であった。

聖フランシスコ・デ・ザビエルはこう報告している。「日本の信者には、一つの悲嘆がある。それは私たちが教えること、即ち地獄へ堕ちた人は、最早全然救われないことを、非常に悲しむのである。亡くなった両親をはじめ、妻子や祖先への愛の故に、彼等の悲しんでいる様子は、非常に哀れである。死んだ人のために、大勢の者が泣く。そして私に、或は施与、或は祈りを以て、死んだ人を助ける方法はないだろうかとたずねる。私は助ける方法はないと答えるばかりである」。キリスト教にたいする日本人のこのような恐怖は、今日まで続いているといえるかも知れない。

ヨーロッパの民族宗教

ヨーロッパは、このきびしいキリスト教の霊魂観によって統一されたといわれる。ヘーゲルはゲルマン民族の宗教についていった。かつてヴァルハラーには民族の神々、英雄が住み、聖林にはこの神々英雄が真近く鎮座していた。しかるに「キリスト教はこのヴァルハラーを寂寞たるものにし」、聖林を伐り倒し、民族の構想した神々を恥ずべき悪魔的迷信として根絶し、これの代わりに異民族の構想、風土、立法、文化、利害、歴史いずれにおいても無縁なユダヤ民族の構想を与えた、と。キリスト教による宗教的大掃討がヨーロッパ全土を襲ったといえる。一番おくれてキリスト教化されたスカンジナビヤでも一〇世紀のことであった。

だが、むろん、民族宗教が完全に消されてしまうというようなことはありえない。とくに村落ではそうである。多神教的、偶像崇拝的な習俗が維持され続けている。カトリック作家のモーリアックでさえ、フランスではキリストよりも土地の女神キュベレーの信者のほうが多いといっているくらいである。もともとキリスト教自身、ユダヤ教以来の精霊(デーモン)信仰、呪術信仰的な面を残し、カトリック教会の儀礼的習俗は土着の民間信仰と結びつかざるをえなかったことによるものが多く、また聖者、聖職者の遺骨や遺体崇拝などは多神教的であるとさえ考えられる。たしかに、プロテスタント宗教改革は、神の超越性を強調する抽象的教義によって、カトリック教会の祭司階級制や儀礼的魔術的な面を批判し除去する作業をめざましく行なった。神自身も純化され「隠された神」になった。その作業はたしかにヘーゲルがいうような意味を各地でもちえた。しかし、キリスト教が宗教としてカトリック教会、プロテスタント教会いずれの形が強力であるか、今日でも判定はできないであろう。いずれにしても、カトリックと各地方の土着民族宗教との関係には、わが国における神仏習合と相似的な面も多いと考えられる。

<table>
<tr><th rowspan="2"></th><th rowspan="2">祖先崇拝</th><th colspan="2">魂の不死</th><th rowspan="2">輪　　廻</th><th rowspan="2">顕幽交通</th></tr>
<tr><th>普遍</th><th>個</th></tr>
<tr><td>ホメロス</td><td>×</td><td colspan="2">×</td><td>×</td><td>×</td></tr>
<tr><td>ギリシア国教</td><td>○</td><td colspan="2">×</td><td>×</td><td>○</td></tr>
<tr><td>オルフィク教</td><td>×</td><td>○</td><td></td><td>○</td><td>×</td></tr>
<tr><td>カトリック</td><td>○</td><td></td><td>○</td><td>×</td><td>×</td></tr>
<tr><td>プロテスタント</td><td>×</td><td></td><td>○</td><td>×</td><td>×</td></tr>
<tr><td>神　　道</td><td>○</td><td>○</td><td></td><td>×</td><td>○</td></tr>
<tr><td>仏　　教</td><td>○</td><td colspan="2">○</td><td>○</td><td>○</td></tr>
</table>

西欧の霊魂観のごくいくつかのタイプをみてきたが、それらと日本の宗教の霊魂観を対比すると、むろん極端な単純化の上でだが、およそ上図のようになるだろう。祖先崇拝と、この世とあの世の交通の肯定とは、当然あいともなわねばならない。しかしこの点で日本の宗教の特異な点は、死者の霊魂のあの世での浄化を、生者がこの世から援助できるということであろう。神道では、荒忌みのみたまは定期に祭られることで浄化され祖霊になる。それはほとんど時の経過による自然浄化ともみえるが、仏教はとくにいわゆる追善・廻向の必要を強調する。死者の霊魂は自力によってでなく他力によってこそ浄化され「成仏」する。しかも仏の他力のみならず子孫からの他力によっても。この考えかたは日本宗教の一特異性といえるであろう。それゆえにこそ、

日本人にとって死は親しいものであった。キリスト教における生死の徹底的な断絶ときわめて対照的である。プロテスタント・キリスト教は個体的な魂の不死のために、すべての雑観念を否定して神にのみ向わねばならぬ宗教であることが図からも理解されよう。

現代仏教の問題

葬式仏教

今日の仏教教団の実状から、葬式仏教ということばが強い非難をこめて使われる。しかし、もともと日本の仏教は葬式仏教としてでなくては庶民化し地方に教線を張ることはできなかった。たとえば、禅の語録における坐禅関係と葬祭関係のページ数の比重は、臨済・曹洞いずれも一三世紀前半にはほとんど一〇〇パーセントが坐禅に関してであったものが、一四世紀には葬祭へと逆転し、曹洞では一五世紀にはほとんど一〇〇パーセント葬祭宗教化している。道元の『永平語録』では両者の比が一一五対一であったものが、瑞潭の『菊隠和尚下語』では〇対二〇九となっているのである（圭室諦成《たまむろたいじょう》『葬式仏教』）。その反面、一四世紀はじめまでは野捨てという庶民の死体遺棄が行なわれていたが、一五世紀以降、仏式葬が庶民層にも行きわたっていったのであった。日本仏教の現在の寺院分布の大筋は、応仁元（一四六七）年の応仁の大乱以後、寛文五（一六六五）年までの約二〇〇年の間に決定された。葬祭宗教としてすぐれている浄土・禅の諸宗が伸びたのである。各宗とも、葬祭を中枢に寺檀の関係を強化し寺院経済を安定させた。江戸幕府は、すでにほとんど完成していた寺檀関係を、臨済宗の崇伝の立案でたんに制度化したにすぎない、といわれる。こうして明治初年の激動期もこえて今日まで、ほぼその状態を続けてきたのである。

仏教が葬式仏教であって必ずしも悪いことはない。仏教は、本来、個人の解脱《げだつ》と救済の普遍宗教である。歴史的な日本の葬式仏教がそのような機能を果たしてきたのならば問題はないであろう。仏教は、生の根源の罪の自覚によって普遍の実在を教えるキリスト教とは異なり、老・病・死の無常性の自覚によって普遍の実在を教える「死」の宗教である。死によって「仏」ないし「空」を教えるという形で、日本人の心に普遍主義への道を目覚めさせてきたのであれば、真に宗教の機能を果たしてきたものといえるだろう。

しかし、実は日本の教団仏教は普遍主義よりも、つねに国家仏教へと傾斜して、ほとんどつねに体制順応的な性格をもってきた。このことが直接的間接的に葬式仏教を、多分に惰性的因襲的な、「国家」に連続するその社会単位としての「家」の宗教に堕落させてきた、といえる。今日の日本人、「家」の伝統を捨てた「個人」に、葬式仏教はどれだけの救いを与えることができるだろうか。もはや、今日の個人にとっては、「家」に組みこま

大阪一心寺の骨仏

れることによって維持される自分の霊魂の不死よりも、端的に「死」そのものが問題なのである。

大阪一心寺の骨仏

大阪の一心寺に死者の骨を集めて作られた仏像がある。明治二〇年に第一回の骨仏が作られ、以後一〇年毎に一体が作られている。その仏像にまつられた人びとはいわば無縁の人びとである。大阪は畿内の各地方から出てきた人が集まるところで、この人たちは菩提寺、家としての寺のない人びとである。そこで江戸時代の終わりから、それらの人びとが一心寺の施餓鬼に集まりはじめ、死ねば骨仏にまつられるようになった。

彼らは「家」をはなれた「近代的」な個人であり、ここには、家としての仏教が消えている。自分の子孫に必ず供養してもらうという心がなくなっている。はたしてここに、新しい葬祭仏教、近代社会に対応した葬祭仏教の一形態をみることができるであろうか。

これはきわめて特殊な一例である。死ねばすぐ仏になれる、いわゆる往生と成仏を一つと考える安易な浄土教の観念が、このような骨仏のフェティシズムをうんだともいえよう。あの世とこの世とを極端に近くした、大阪人の現世主義のあらわれともいえよう。あるいは、遺骨の集団化というところに、今日的な葬送習俗のめばえがみられるともいえよう。しかし、この特殊な一例が示すものは、日本の仏教が今日、家の宗教という外面的な宗教から必然的に個人の内面的な宗教に転換ないし回帰せねばならなくなっているということであろう。骨仏という異様なものには、家を脱却した、あるいは脱却させられた現代人の宗教意識の一つの反映があるといえるだろう。今日の仏教が葬式仏教であることを続けるとしても、そのありかたに大きな変革が要求されていることは明らかである。

私たちはみずからの「魂の世話」をして、なんらかの死生観を選びとらねばならない。今日の無宗教的日本社会においても、果たして幾人のひとが、鎌倉時代の遊行者一遍が欣《ごん》求《ぐ》浄土《じょうど》の意識から「旅まくら木の根かやの根いずくにか身の捨てられぬところあるべき」といい放ったことに、みずからの現世主義一本で唱和できるであろうか。

終章――国家・科学・宗教――

宗教と国家

聖と俗

日本の古くからの宗教的民俗をたずねて、それの現代的な意味と問題とをさぐってきた。およそ宗教には三つの本質的な規定があると考えられる。「信仰」によって「聖なるもの」にかかわる「限界状況」での人間あるいは人間集団の経験が宗教である。これまでの各章で、「忌みの思想」は日本人の「信仰」のありかたを、「仏神の加護」「神の啓示」「産土神の伝統」は日本人にとっての「聖なるもの」の性格を、そして「家と祖先」「死生観」は日本人の「限界状況」のかたちを吟味してきたことになるだろう。

しかし結局、宗教的民俗についてのこれまでのさまざまな問題を一貫し収斂する根本の問題は、デュルケームのいう「聖性」と「世俗性」との関係であったといえる。ところで現代の私たちにもっとも重い意味をもってひびく「世俗性」は、国家と科学のそれであろう。国家は私たちの社会生活における最大の問題であり、科学は私たちの文化における最大の問題である。

そこでこの終章では、これまでの各章のテーマをまとめる意味で、宗教と国家、宗教と科学という問題をいくらかまともに考えておきたい。現代の私たちは、宗教、国家、科学、これら三者の関係についてなんらかの見通しを持たずには、みずからの宗教ないし世界観を立てることはできず、まして伝統的な宗教的民俗の意味を問うことはできないだろうからである。

まずこの節では宗教と国家の問題を、次節で宗教と科学の問題を考えて、最後に国家・科学・宗教三者の関係を簡単にまとめたい。

西欧中世カトリシズムの成立

さきに「仏神の加護」「神の啓示」の二章で、日本の中世にも宗教国家の成立の可能性があったことが示唆された。結局それはいわば流産したけれども、そこに含まれた宗教と国家との関係の問題を考えるために、それに成功した中世ヨーロッパのカトリック教会を見てみよう。ゲルマン＝ドイツを中心としたローマ帝国末期から一〇世紀にいたるヨーロッパは封建社会の成立期であった。ローマの大土地所有制度は地方領主制度に、都市中心の奴隷制経済は分散的農村の農奴制経済に移行していった。そして中世ヨーロッパは、八〇〇年、教皇レオ三世によるフランク王カルル大帝の戴冠と、それにともなう西ローマ帝国の復活の時にはじまるとされる。この教権と俗権との提携は、前者の文化的社会的実力と後者の政治的実力との相互利用であって、これによってローマ教会もフランク王も東ローマから独立し、ここにキリスト教国家がまがりなりにも成立したのであった。

しかし教会の力はまだ弱く、ローマ皇帝の冠をいただいたカルル大帝は、もはや霊俗二つの剣をもつ神聖君主であると考え、王の法令で教義や典礼、修道院の規定まで定めるテオクラシー（神権政治）的権力をふるった。かくて中世独特の教権と俗権の抗争の約二〇〇年の歴史がはじまる。それは具体的には司教叙任権の争いであった。当時の教会は大土地を所有し、司教は荘園領主であったからである。聖俗両権の抗争は、九六二年の教皇ヨハネス一二世によるオットー一世の神聖ローマ皇帝の戴冠などをはさみつつ、ハインリヒ四世の有名な「カノッサの屈辱」（一〇七七年）で教皇グレゴリウス七世が制勝するまで続いたのである。グレゴリウス七世は教会改革を断行し、教皇選挙規定を定め、聖職者の独身を規定し、シモニア（買収）を禁じ、ついに司教叙任権を教皇の権限とすることに成功した。これにはクリュニー修道院にはじまる教会改革運動があずかって大きな力があったとされている。

グレゴリウス七世は、さらに布告「教皇宣言」（一〇七五年）で、司教叙任権のみならず、皇帝や国王の罷免権までも教皇の権限であると主張したのであった。霊的権威は世俗的権威にまさり、霊的権威のなかにはみずからに必要なあらゆることをなしうる権限があるという。こうして教皇権の確立と伸張は、教皇が十字軍を主宰してキリスト教世界の最高権威たることを誇りうるまでにいたるのである。しかし、このようなカトリシズム、教権による俗権の支配が成立するには、カルル大帝以来、およそ皇帝や諸王の側もキリスト教的国家をつくることに使命感をもっていたことが注意されねばならない。皇帝と教皇の対立衝突がある場合も、神の代理者として神政の政治を理想としていた点では共通であった。キリスト教共同体という点では全ヨーロッパは一つの統一体であり、分権的封建社会の中で、カトリック教会のみが全ヨーロッパにおよぶ組織をもち、裁判権と徴税権も有して、唯一の統一的支配権力だったのである。

しかし、すでに一一、二世紀からはじまった都市と商工業の発展、また君主国家の出現は、つまり社会の世俗化は、キリスト教国家を維持するのにキリスト教そのものの世俗化を要求するようになる。すなわち、いわゆる自然法思想をキリスト教化して、それの妥当する世俗界の固有の意味を承認し、教権と俗権との調和をあらためて工夫しなければならなくなる。それを達成したのが一三世紀の神学哲学者トマス・アクイナスであった。しかしもはや時代は中世の末期にはいり、やがて政治世界での教権の優越を認めない近世世界がはじまるのである。西欧政治世界は徹底的に世俗化へとつきすすむ。

中世日本のカトリシズムの流産

さて、以上において素描されたヨーロッパ中世のカトリシズムの歴史を、「仏神の加護」「神の啓示」の章でのべた、わが国古代・中世の教権と政権との関係に重ねてみよう。わが国の仏教は官寺仏教として出発した。律令制のもと、僧尼になる資格を与える権限、すなわち得度、授戒の権限は律令政府のものであった。そして平安初頭に天台宗を開創した最澄が比叡山に設立した大乗戒壇も、いわゆる俗別当なる政府官吏による制約をうけねばならなかった。これはまさしくヨーロッパ中世における司教叙任権の争いの日本版である。最澄はグレゴリウス七世の役割の位置にいたことになる。最澄は、教権の政権からの独立をめざして大乗戒壇設立運動をおこしたが、結局は唐の制度からヒントを得たといわれる俗別当の制によって政権と取引することなしには、教団を相対的にも自立させることはできなかった。こうしていわば日本カトリシズムなるものは流産せざるをえなかったのである。なぜそうなったか。

さきにその理由として二つのことが指摘されている。まず、この最大の政治的理由は、有力貴族たちの権力弱化をおそれての強い反発であった。すでに、みずから「三宝の奴」と称し百官を率いて大仏を拝した聖武天皇のような例もあり、仏教教団が自立し教権を俗権に優越させる可能性も絶無ではなかったが、そして道鏡によるその試みもなかったわけではないが、貴族官僚の抵抗には屈するほかはなかったのであった。

第二の理由としては、神仏習合、王法仏法両輪という政治的イデオロギーの成立があった。仏教教団からは政治的妥協の意味をもつ論理であった。初期ローマ教会においても、第五代教皇ゲラシウス一世によって唱えられた、神のものとカエサルのものとを分けてそれぞれ霊的ことがらと世俗的ことがらとする原則があったが、これは両者を分離し相互に独立させる論理であった。王法仏法両輪はむしろ融和させ相互に依存させる論理である。レオ三世とカルル大帝とが政治的に利用しあった段階でのローマ教会の実状に対応する論理ともいえようが、これがほぼ仏教教団の以後の性格を規定することになる。

しかも天皇を頂点とする貴族たちの俗権は、たんなる俗権にとどまらず、多分に教権的なもの、神話の権威をせおう神権政治的な性格をおびた俗権であった。そして神仏習合が説かれ本地垂迹が口にされても、実は政治的次元では、このいわば神的俗権と仏教の教権とはけっして習合することはなかったといえる。中世ヨーロッパにおけるごとき、教会と皇帝・国王とが同一の宗教をいだきその理想を地上の国に実現させようとしたような同一の精神的共同体は、わが国ではついに樹立されなかった。地上の国は神的俗権が支配し、仏教はもっぱら世外のことがらへと追放されていったのである。桓武帝の平安遷都は、道鏡の例に見るような教権による政権の支配から脱却するための、この意味での政教分離の意図から発したものであった。そして、中世封建社会の幕府創立者、源頼朝も、「我朝者、神国也」として伊勢神宮に願書を奉じ、また諸社の「往古神領」を保護する政策に出たのであった。

鎮護国家の仏教と神国思想

しかし、日本カトリシズムの流産には、さらに仏教教団そのものの性格に由来する第三の理由もあったと考えられる。最澄が南都東大寺から独立の大乗戒壇を設立しようとした理由は何であったか。新仏教開教の理想からであったには違いなかろうが、同時にたんなる仏教教団自体の中での権力闘争的な動機も存在したのではなかろうか。そして何よりも、平安仏教もまた奈良旧仏教と同じ国家仏教であった。最澄と空海の新仏教も、やはり荘園経済に支えられた貴族的仏教、鎮護国家仏教であり、しかもいわゆる密教として、いよいよ神秘的な呪術性を強化体系化した仏教であった。鎮護国家の思想は、宗教の超越性を希薄化し、俗権との力関係によってそれと無原理的に密着しうる。最澄にもそのきらいがなかったとはいえないのである。

むろん、同じ国家仏教であるといっても、鎮護国家の教説は奈良の官寺仏教が依拠した神政国家の観念と全く同一のものというわけではない。神政国家においては政治的統治者が神であり、宗教の原理と国家の原理とは区別されえない。しかし鎮護国家の教説では、国家は一応国家外のものによって鎮護される。宗教の原理は国家の外の原理である。だが現実政治的にはこの区別は成り立ちがたいのである。むしろ平安仏教が国家の外の原理たりうるのは、さきにのべたように政治的世界で浮沈する貴族たちの個人的な不安にたいする、救済の原理として機能する場合においてであった。鎮護国家の教説が現実的には国家外の原理たりがたいのは、真言・天台系からそれぞれ出た中世の両部神道および山王神道が、本迹説をとって「日本は神国」なることをいっているところからも明らかであろう。神国思想が、とくに真言・天台の立場から理論化されたことは、このような理論が、中世封建社会における村落共同体と領主制支配の発展を眼前にした平安仏教が、領主制に迎合する形で反動的に形成されたものであることを物語る、といわれる（黒田俊雄「中世国家と神国思想」）。

黒田氏は中世の神国思想の本質を次のように指摘する。神国思想でも、国家は宗教によって「鎮護」されるが、この場合、鎮護される根拠は、国家がそれ自体神聖な宗教的存在だからである。もはや、タテマエ上は国家の外の原理であった平安仏教の鎮護国家の教説においてのように、宗教が外から政治権力に奉仕するのではない。神国の「国」は国土の意である。トヨアシハラノミズホノクニである。この神国の主は天照大神である。ここから、国家と帝位は天皇自身によってより三種の神器の宗教性によって神聖化されることにもなり、「現世の浄土」なる観念もうまれる。しかも、現実的客観的にみれば、奉仕するのは宗教の側であって政治の側でないという奇妙な結果にならざるをえなかったのである。

黒田氏は、論者の政治的立場と時点の相異で、同じ神国思想が正反対のイデオロギー的根拠として使われたことを、幕府の立場からの頼朝や兼良の神国思想と、貴族政権の側の慈円や親房の神国思想との対比によって論証したのであった。

つまり、神国思想では歴史哲学は成り立ちえず、「神道不測」なることばは、それの無論理性、無原則性を隠蔽する常套語であったともいえる。これがまさに日本の神国思想なるものの本質であって、このいわば無思想なる神国思想が、近世になっては儒家神道、国学者の復古神道にもあらわれ、やがて私たちの記憶も新しい明治以来の国家神道となって、全国民に強圧を加えてやまなかったのである。宗教と国家とが否定性を媒介せずに一元化すればどうなるかを、日本の神国思想は露呈したのである。

キリスト教の「神の国」の思想

このような神国思想が維持され続けるには、それを支えるものとして、日本の村落共同体におけるさまざまな神々への信仰があったことはいうまでもない。鎮護国家の教説ないし神国思想に原理的に対立する宗教思想には、鎌倉の法然、親鸞らの専修念仏、神祇不拝の選択仏教があった。弥陀一仏のみへの偏依《へんね》。しかし、さきにものべたように、浄土教は、神祇崇拝の強い農村をこそ教団の地盤とせねばならなかったから一四世紀にはいると本地垂迹説と神国思想へまきこまれていって、伝統をつくることはできなかった。西欧キリスト教世界では、たんに中世ローマ教会の世俗権力支配の事実にとどまらず、「神の国」の観念が歴史哲学的原理としてながく思想的伝統をつくった。それは、政治や文化の世俗化が進んだのちも、その観念自体が世俗化されつつ（たとえばマルクス主義の共産社会の観念のように）維持されてきた。それはなぜか。思想史の問題として、いくつかの代表的な例によって考えてみよう。

「神の国」の観念は、いうまでもなく、イエスの福音にはじまる。「時は満てり、神の国は近づけり、汝ら悔改めて福音を信ぜよ」。それは神の愛の実現であり、人間の倫理的当為よりも神自身による成就実現である。「汝らに御国を賜うことは汝らの父の御意なり」。それは、地上の神の国を「理想国家」として構想したプラトンの倫理的共同体としての「正義の国」と異なる。何よりも国家的政治的な限界から自由な普遍的人類的な宗教的愛《アガペー》の共同体である。それは、「神の国」をはじめて歴史哲学の原理としてそれの実現を説いたアウグスチヌスにおいても同じであった。アウグスチヌスは『神の国』で二つの国、すなわち神の国と悪魔の国、あるいは天の国と地の国とを区別した。いずれも愛によってつくられるが、天の国の愛は神への愛であり、地の国の愛は自愛である。世界の歴史は神の国と悪魔の国との発展、闘争、神の国の最後の勝利を示すものである。それが歴史を貫く神の摂理である。

そしてアウグスチヌスのいう神の国、地の国はそれぞれ教会、国家をただちに意味するのではなかった。愛に立脚しない教会はやはり地の国である。しかし、権力を用いざるをえない国家生活を愛の国とはみとめなかったとはいえ、アウグスチヌスはキリスト教国家ならば神の国の達成に役立つとして承認はしている。

そこで現実的、または政治思想的には、アウグスチヌスの神の国の観念はローマ教会と教皇職とを確立した点に、そのもっとも大きな意味を持ったのであった。それが、中世ローマ教会の俗権支配の歴史となり、またトマス・アクイナスの「目に見える教会」「道徳的かつ政治的共同体」「普遍的（カトリック）キリスト教社会」という政治神学となったのである。このトマスの思想は、イエスやアウグスチヌスの霊的精神的な「神の国」を、中世カトリック教会の立場から地上の国にもたらそうとしたものであった。それでは近世プロテスタント哲学の立場から、それはどのように企てられたか。もっとも代表的な例は、周知のようにヘーゲルの政治哲学、歴史哲学に見られる。

ヘーゲルにとっての「神の国」

「教会」もまた地上の政治社会的秩序である。それが地上の神の国であることを主張する以上は、同じ政治社会秩序である国家もまた地上の神の国であることを主張するにいたるのは当然かもしれない。ヘーゲルにとっての「神の国」は国家である。

ヘーゲルの歴史哲学は、神の摂理の見地からみた諸国民の盛衰興亡をみる。キリスト教のいう「最後の審判」は世界の歴史の過程そのものの中で行なわれている。世界史は世界審判であり、世界史の中に神は顕現しているのである。歴史の動きは東から西へ進み、ヨーロッパの歴史にいたる。宗教でいえば、ギリシア・ローマの多神教からキリスト教へ進み、それが宗教改革によって世俗内宗教にいたる。ルターの宗教改革の意味は、ヘーゲルによればキリスト教の世俗化であり、まさにキリスト教の神(聖霊)の顕現なのである。またこの世界史の過程を政治的にみれば「自由の意識の進歩」である。自由の実現とは国家の形成であり、東洋では専制君主一人のみ自由であり、ギリシア・ローマではいく人かが自由であり、ゲルマン世界ではすべての人が自由となったのである。

こうしてヘーゲルは歴史の発展の中で宗教と政治との統一を観想しようとする。このようなヘーゲルの歴史哲学と政治哲学には、むろん彼の独特なキリスト教解釈がある。ヘーゲルはキリスト教を徹底して内在的、汎神論的に解釈する。そこにはキリスト教神学の思弁的、神秘主義的解釈もあり、とくにルターの宗教改革を、もっぱら聖俗の二元性の原理的克服として評価しようとする彼の特異な見地もこめられている。彼はルターの「隠された神」の超越性の面は評価しないのである。

ヘーゲルにおいては、宗教と政治は、聖と俗とは国家において完全に総合せられている。つまり国家の宗教的神聖化である。国家こそは、キリスト教の政治的目的といえる自由が最高の権利にまで具体化された自己目的であり、個人の最高の自由と義務は国家の成員であることである。かくて、近世国民国家が中世カトリック教会に代わって地上の神の国となった。国家を超える宗教的権威はもはや存在せず、それは、たかだか世界史の審判の下に立ち世界精神の裁可をうけるのみであるが、その世界精神とはその時代の精神を荷うと主張する特定の民族精神にほかならず、ヘーゲルにとってはとりもなおさずゲルマン民族国家を意味したわけである。

ここにまでいたれば、たといキリスト教の独自の解釈による、いわゆる弁証法的論理によって貫かれてはいるといっても、日本の明治の国家神道のイデオロギーと現実的政治的意味において五十歩百歩であるといえよう。

宗教の国家からの超越性の必要

近代国家(近代世界における諸国家の独立と利害対立の意識をともなった国家)としての明治政府による国家神道の創立は、制度的にはおよそ次のような過程をとった。明治五年四月に、三条教則(敬神愛国ノ旨ヲ体シ、天理人道ヲ明ニシ、皇上ヲ奉戴シ朝旨ヲ遵守セシムベキコト)の発布とともに、全国の神官と僧侶をあわせて無給の官吏待遇の教導職に任命し、各宗に教導職管長を定め、翌年に神仏合同の大教院を設立した。仏教上層部の僧侶はこの取扱いに進んで協力したが、真宗の島地黙雷らが信徒の反抗に支持されて大教院からの分離をはかったため、明治八年、大教院は廃止され、神道および仏教の各管長に政府からはじめて信教自由保護の口達が伝えられた。明治一〇年代の自由民権運動の高騰を背景に、一七年神仏教導職が廃止され、その任免権が各宗派管長にゆだねられた。ここで本来ならば、最澄の大乗戒壇設立運動以来の、教権の俗権からの独立の要求がはじめて実現したことになるはずであった。だが、それには決定的な前提条件が、政治制度として用意されていた。僧侶も俗姓をもち徴兵令に服さねばならなかった。

また政府はすでに一五年に、あらかじめ神社神官を教導職から分離し、神社神道を教派神道とは別の国家神道として確保しておいたのである。これが、「神社は宗教でなく道徳である」という口実によって、伊勢神宮を最高に全国すべての神社を社格によって統合した「天皇教」であった。この用意の上で、明治二二年発布の帝国憲法第二八条は、「日本臣民ハ安寧秩序ヲ妨ケス及臣民タルノ義務ニ背カサル限ニ於テ信教ノ自由ヲ有ス」と定めたのである。天皇の「神聖」を認め神社を「崇敬」するのは「臣民タルノ義務」であった。かくて国家神道の政治的暴走は必然的となる。そして、昭和の国家神道・神国思想がその主張のためにヘーゲルの国家哲学を援用したことは、さきにのべたヘーゲルの「神の国」の性格からいって、象徴的な意味をもつものであったといえよう。

近世の政治社会理論は、いわゆる「自然状態」と「国家状態」との関係を考えることで出発した。ホッブスのように人間の「自然」を徹底的に悪とみて専制的「国家」をも善とするか、ルソーのように現実の「国家」を悪とみて善なる「自然」によるその革命を主張するか。ところが近代社会の発展は、ホッブスやルソーが「自然状態」とみたものを「市民社会」という歴史的事実そのもののなかに成立させた。

かくて「市民社会」と「国家」の問題が近代さらに現代の政治論の焦点となる。市民社会は、一方では産業革命、資本主義の進行によって、ホッブスの自然状態が意味するような人間相互の戦いを本質とする経済社会、貧富の対立、階級対立の社会であり、他方ではルソーの意味での自然人、自己愛と他者への同情とを原理とする「個人」が単位の社会である。

ヘーゲルは市民社会のこの両面を国家のなかに有機的に統一できると考えた。ヘーゲルにとって国家こそ自然、有機的自然（生命体）であった。それにラディカルに対立したマルクスは、市民社会の階級対立は新たな政治的革命を要求すると論じて、近代世界の政治的現実を大きく動かした。しかしマルクスの社会主義も国家をこえ、「国家理由」の政治理論を消滅させるものでなかったことは、今日までの社会主義世界の政治的現実が悲しくも現示している。マルクス主義もまた、ヘーゲルの「地上の神の国」を裏返した形の「地上の神の国」の政治理論である。

市民社会が意味する他の側面たる個人においてこそ国家の超越が要求される。宗教はここにおいて成立するものでなければならない。国家は自然でなくて人為のものであり、宗教は国家内在的ではあってはならない。宗教と国家とが神の国と地上の国として対立し、個人が国家と悲劇的葛藤を苦しまねばならぬとしても、宗教は国家および政治からの超越性を本質的なものとして確保しなければならない。つまり宗教は国家理由にたいする批判的視点を維持し、またはぐくみうる原理でなければならない。

宗教と科学

科学の一般的な性格

近世以後の世界は「分裂」をもってその特徴としている。第一には、諸民族の政治的分裂。各国家の内部においては、封建的割拠から中央集権的統一へと進んだが、世界の普遍的統一ということからいえば、中世世界から近世以後の世界へは、いわゆる近世国家の分立、そしてさらに現代にみられるそれら先進国家の各植民地の独立によって、いぜんとして政治的中心の分立こそ近世以後の世界を特徴づけるものである。第二には人間と自然との交渉がもっぱら技術的なものとなり、両者の間にするどい分裂と対立が生まれている。分裂の第一の点は、前節の「宗教と国家」の問題であった。第二の点の分裂をここでは考えねばならない。近世以後の世界はいうまでもなく科学的技術的文化によって特色づけられる。近世的世界観の基盤をなす「自然」はあくまでも自然科学的、とくに機械的な自然である。

西洋近世の思想が新たな自然の発見、科学的自然の発見から出発したことは、あらためていうまでもない事実である。それは、自然からいわゆる「目的原因」を排除し、もっぱらそれを「作用原因」の体系とのみみる。

中世スコラ哲学に伝承せられた古代アリストテレスの宇宙像が示したような、知覚的・人間中心的な自然観からの「コペルニクスの転回」が、客観的法則的自然を発見させた。ウェーバーのいう「没価値性」の原理の上で数量的自然像をとらえ観察と実験によってその一般的法則を定立することが、科学の一般的性格である。しかも知覚的・性質的世界をこえた客観的法則的自然の発見は、逆に、知覚の主観性・人間的価値性の自覚、したがって意識ないし精神の発見であった。近世の現実は、自然と精神との二極にかつてなく分裂したのである。いわゆる「擬人観」からの脱却による科学的自然の成立と、自覚的精神の確立とは相即する。一七世紀のパスカルは、ここに近世以後の人間の無気味な運命をみた――「無限なる空間の永遠の沈黙は私を恐れさせる」、しかも「空間によって宇宙は私をつつみ、一点のごとく私を呑みこんでしまう。しかし思考によって私は宇宙をつつむ」。ここに近世以後の自然と人間との原理的なありかたがある。

コペルニクスにはじまる近世的宇宙像は、その後の自然科学の進展によっても原理的には今日も動かされていない。中世から近世への移行において起こった宇宙観の転換に匹敵するような根本的変革は、自然にかんして今日まで起こってはいない。現代自然科学の相対性論、量子論の成立も、近世的自然観の問題が内的に展開した結果の理論にとどまり、中世的自然像の全体的崩壊によって生まれた近世的自然観の革命性には比すべくもないのである(ハイゼンベルク)。

パスカルが恐ろしいと感じた近世的自然、人間的価値や意味から疎遠な、人間否定的な自然は、そうなればこそまた逆に人間技術によって克服し利用されるべきものともなった。科学が技術的生産の面において、近世以後の人間社会の経済的地盤を確立し、それが人間生活を飛躍的に豊かにし続けてきたことは、あらためて断るまでもない。科学的自然は人間否定的であるとともに人間肯定的である。

科学技術によって規模と残虐さを深刻なものとされた今日の戦争の非人間性と、日常生活文明における人間解放とは同根のものなのである。このような科学的自然が近世以後の人間の運命である。

科学的自然の宗教的基礎

私たちは、もはやこのような科学的自然観を否定することはできない。機械文明の深刻な弊害にたいして、ふたたび近世以前の「生きた自然」、有機的自然観に回帰したいという浪漫主義が、さまざまな形で主張されることが少なくない。西洋の思想史においてもそうであるし、わが国においてもそうである。しかし「生きた自然」は、かろうじて芸術的美的観照の自然概念としてのみ残存しうるにすぎず、しかもそれは根本的には問題の回避でしかありえない。生活の地盤は科学技術による機械文明におきながら、それを有機的自然観でつつもうとするのが今日の浪漫主義であるが、それは主観的確信の開陳、生活の断片的アクセサリーでありうるにとどまり、今日の世界観の基礎ではありえないのである。自然を人間の立場から観念化してつつみこもうとしても、有機的自然をつき破るものが機械的自然である。

しかしまた、科学的自然観をとるとはいっても、それをもっぱら人間肯定的にのみとらえて、人間の技術的活動の対象、素材としてのみ自然を考えてすませることはできない。いわゆる文化主義、啓蒙主義の自然観は、科学的自然の人間否定的な面を無視するものである。近世科学の理論が確立されたのち、その技術的応用が進展すると、もはやその応用の見地のみで自然をとらえれば事足りるとして、その基礎の理論の確立に内在した問題が等閑に付されがちになる。しかしたとえ無視され等閑に付されても、問題は克服され消滅したわけではない。

科学的自然が没価値的人間否定的であるということは、人間のほうからいえば、その自己否定、「禁欲」によってこそ近世自然科学は成立しえたものであることを意味している。近世初頭の科学の形成者たちはガリレイもデカルトもニュートンもいずれも、人間の自己否定という意味において「宗教的」な人格であった。一六世紀のプロテスタント宗教改革における人間の神にたいする自己否定と対応するものが、それら科学者たちの自然にたいする自己否定であった。宗教改革の精神がそのまま近世科学の精神であったとは、にわかにいえないが、そこには共通した精神の動きがあったのである。そしてこのような科学的自然観、宇宙観が要求する人間の宗教的・自己否定的精神は、現代人にとっても無縁なものでありうるわけではない。現代の科学的合理主義者ラッセルもみずからの世界観を次のように表現している。「人間は目的の予見なしに働く諸原因の産物であること、その誕生と成長、その希望と恐怖、その愛と信仰とは、原子の偶然的配置の結果にすぎぬこと、どのような熱情も勇気も、どのように強い思考や感情も、個人の生を墓場の彼方までは維持しえぬこと、幾時代にもわたるすべての営為、すべての敬虔、すべての霊感、人間精神の輝きのすべてが太陽系の巨大な死の中に滅び去る運命にあること、人間の業績という神殿の全体が崩壊する宇宙の破片の下に葬られざるをえぬこと――これらすべてのことは、まったく論議の余地なく明らかだとはいえないにしても、ほとんど確実であり、これらを省みないどのような哲学も真実のものではありえないだろう。今後、魂のすみかは、これらの真理を足場としてのみ、いかんともしがたい絶望の固い土台の上にのみ、正しく建てられることができるだろう」(『自由人の信仰』)。

宗教と科学との関係は、カトリック教会の教理と科学的真理との矛盾の問題として、したがってガリレイの審問と受難の典型的な例におけるごとき、教会による科学者の迫害の歴史として、もっぱら論じられる。しかし、近世科学の成立の地盤そのものに一種の宗教的精神が内在していたことが、むしろ重視されなければならない。近世科学は、いわゆるルネッサンスの人文主義（ヒューマニズム）の中からけっして成立しえたものではなかった。そして問題を原理的に考えるかぎり、今日においても事態は同じはずなのである。

アニミズムの問題

西洋近世の自然観が古代以来の擬人観を脱却して機械的自然を定立したことは、自然からもろもろの精霊・霊魂を追放したことを意味している。自然は魂を内在させているものではない。アニマの影を払拭した無限の「延長」、内的生命的な目的性をもたない外的機械的な因果性の体系、これが近世の宇宙であり自然である。

アニミズム的宇宙観は魔術的信仰と結合している。もし人間が、石や風や水や雷などの自然物がアニマをもち、まったく気まぐれな意志で動くと信じているとすれば、自然を自分の利益になるように強制するために呪術を行なって操縦するか、諦めて自然のなすがままに翻弄されるかであろう。自然にアニマや意志はなく、それはもっぱら人間のみの性質であると考える態度が現われるまでは、自然にたいする科学的技術的な態度は不可能である。アニマを追放することによって自然は客観的法則的になる。したがって、アニミズムや多神教が一神教のキリスト教によって追い払われた西ヨーロッパにまず科学的自然観が成立したことは、けっして偶然ではなかった。唯一の神の「理性」あるいは「意志」が自然界を統制すると信じることで、自然は体系化したからである。ただ、一神教といっても、カトリックは一切のアニミズム的儀式をミサという唯一の秘蹟的行為に集中するものであり、プロテスタンティズムは、神の意志の働きは人間の魂のうちにのみ行なわれるということを強調して、カトリックに見られるアニミズムの多くの残滓《ざんさい》を否認したものである。後者こそ科学的精神と両立しうるものであることは、すこし前にのべたとおりである。

実際、カトリックは一神教とはいっても、聖母マリア信仰、聖者崇拝など、多分に多神教的であり呪術信仰的であることは、本書でもすでに幾度か言及したところである。儀礼を重視するカトリックはむしろ習合性の濃い宗教である。最近、同志社大の谷泰氏はカトリック・ミサと、古いいろんな民族宗教のきわめて呪術的な犠牲儀式の一般的パターンとの酷似を、綿密な比較によって実証している（「カトリックの比較宗教論的考察」）。本書はさきに、西洋のいくつかの宗教とわが国の仏教・神道の比較を、祖先崇拝や霊界交通によって図示したが、谷氏は、神とのコミュニケーション方法によって西洋諸宗教の性格を区別する、きわめて明晰な図表を作製している。その図表を借用し、それに仏教・神道を加えてみると、左図のようになる。

科学的自然観の成立にかんしては、カトリックよりもむしろイスラムのほうがプロテスタントの役割に近い。イスラム世界に行なわれたアヴェロイズム的自然必然的宇宙観は、

神とのコミュニケーションの方法				
儀礼の名称	コミュニオン	犠牲	奉献	祈り
コミュニケーション・メディア	振舞い	血	物財	ことば
ユダヤ教		○	○	○
ギリシア・ローマ固有宗教	○	○	○	○
カトリック		○	○	○
イスラム		(○)1		○
プロテスタント				○
仏教	(○)2		○	○
固有神道	○		○	○

1 メッカ巡礼の際のみに行なわれる。

2 禅の身心脱落はバッカス的陶酔とは正反対の極に成立する、いわば仏教における神人合一であろう。しかしこの場合には、奉献と祈りは行なわれない。

一四世紀後半からとくに北イタリアのパドヴァの大学で研究され、そこから新たな自然主義的世界観が生まれて来たのであった。しかし、逆にカトリックからいえば、多神教を習合することで近世的自然観成立への地ならしをしたとみられよう。カトリックは犠牲儀式のパターンをその中心的儀式の形式にとりこむことで、異教の中へ滲透できたのである。それはちょうど仏教が神仏習合し祖先崇拝の民俗と結びつくことで、わが国民間に滲透することができたのと同様であろう。

仏教にも神道にも犠牲儀礼の認められないことは特徴的だが、奉献儀礼が前提しているものを考えると、神仏習合した仏教が多分にアニミズム的、多神教的であることは、いうまでもない。そこに、統一的な存在観・自然観が希薄であったことも明らかであり、「山川草木悉有仏性」という仏教が科学的自然観と両立しうるためには、よほどの新工夫が要求されるであろう。

現代の仏教者は、一方では存在論において縁起・因縁の法を再解釈するとともに、他方人間倫理の面で輪廻思想と祖先崇拝との宗教的な意味を厳密に規定しなおさねばならないだろう。前図での「奉献」にアニミズム的でない意味づけもできなければならない。宗教は、今日、自然的世界の科学的秩序の確認の上で、それを超越し、しかもそれと両立できるものでなければならないからである。すでに原始宗教についてフレーザーが、呪術における失敗が宗教の生まれた理由とみなしているように、自然からの呪術性の排除が科学的自然の成立であったように、呪術の自己中心性の否定が宗教を誕生させたのである。そして呪術的儀礼と宗教的儀礼とは、その内容によって異なるものではなく、その精神的態度によって相違するものと考えられるのである。

魂の不死

科学的自然観と両立できる宗教は普遍宗教である。その神は普遍的神であり、自然界からの超越神（人格的唯一神）ないしは自然界の全体そのもの（汎神論の神）でなければならない。そして科学的自然および人間的日常（知覚的）世界から超越し、しかもそれといわば随所で垂直に交わる——不適切な空間的比喩であるが——「精神」の国が、宗教的「神の国」である。この自然から独立の精神（霊魂）は、どのようにして成立しうるか。

キリスト教の教義では、人間の魂は死後も個別的存在として存続し、世の終わりの日の裁きをうける。このようなキリスト教的な魂の不死はどのようにして成立しうるか。アウグスチヌスはそれを神との相似によって説明した。一つは神と人間との本質的相似であり、他はその道徳的相似であった。しかし、その魂の個別性はいかにして可能か。

キリスト教の教義を体系化するために中世スコラ哲学によって採用されたアリストテレス哲学では、本来、人間霊魂＝理性は普遍的非個性的なものである。霊魂は身体を質料とする形相であり、栄養生殖の働きを示す植物的霊魂も感覚する動物的霊魂も、いずれも質料をはなれて自立しえないが、ただ同じ人間の「理性」のみ、永遠な真理の認識能力であるから神的であり不死である。ルネッサンスのアリストテレス注釈者（アヴェロエス）も、理性《ヌース》と霊魂《プシケー》とを機能的だけでなく実体的に分離する方向をとり、個別的な霊魂は死によって滅びるが、理性はそれが由来した宇宙理性に、個別性をもたずに帰ってゆくと考えた（野田又夫『ルネサンスの思想家たち』）。この融合において魂は不死なのである。しかし、カトリックのトマス・アクイナスは、そのような理性も数的に「一」であるとして、その個別性を強調した。

キリスト教的霊魂観を、近世自然学を背景にもっとも徹底したのは、一七世紀のデカルトである。デカルトの動物＝機械説は有名であり、彼は動物に霊魂を認めず、人間にのみそれを認めた。彼は「霊魂」と「生命」との原理的な分離によって、前者の不死性を確保したのである。同時に彼は生命主義（ヴィタリズム）を徹底的に否定したことになる。「霊魂」が身体と結合するから「生命」を生じ、霊魂が身体を離れるから、生命がやむのではない。霊魂が結合する前に生命が存在していなければならぬ。また霊魂が離れ去る前に生命が止んでいたのでなければならぬ。霊魂は生死に関係ない。それでは、デカルトにとって、「生命」を説明するものは何か。それは熱機関としての心臓を中心とする運動と熱だけである。この物理的な働きが生命であり、生命は身体の原理にとどまるのである。これがデカルトの徹底した科学主義とヒューマニズム（人間中心主義）との霊魂観である。

しかも、デカルトにとって、人間の霊魂は神がみずから作った個別的なものであり、その霊魂は理性的霊魂であり精神であり意識である。トマスやデカルトにおけるような霊魂の個別性の主張は、論理的観点以上にキリスト教を前提とした神学的観点、さらには倫理的観点からのものとみることができる。デカルトにおける心身分離と心身合一との矛盾した主張もそこから解釈できるであろう。理性について、さきのアヴェロエスのような考えかたもまた可能であろう。

わが国の固有神道さらには仏教の祖先崇拝における霊魂は、どこまで霊化されているかアイマイであり、また、個別的霊魂であるようにも普遍的霊魂であるようにも見えるというアイマイさをも含んでいる。それをどこまで普遍化しうるかは、むしろ、これまでの「家」の宗教からどこまで脱却するかの社会条件に左右される問題であろう。

国家・科学・宗教

現代の問題

私たちをとりまく自然や社会の事実がどのようなものであるかを知り、そこでどう生きればいいかを選ぶ——この存在の問題と価値の問題とを究極のところで統一的にとらえるものが宗教である。現代でよく使われることばでいえば世界観である。現代の私たちの世界観(宗教)の問題において、私たちの「存在」は「科学」および科学的技術によって、ほとんどその底から規制されている。科学は本来いわゆる没価値性ないし禁欲という意味でのニヒリズムにおいて成立すべきものである。また、私たちの「価値」的生活の領域においても、人間的価値の体系の並立あるいは衝突、つまり価値の相対性がいよいよあらわとなった現代は、価値選択の基準にかんする懐疑論という意味でのニヒリズムによっても私たちは支配される。この二重のニヒリズムのなかに現代の人間はいる。そして「政治がわれわれの実存の各瞬間に突きあたってくる。にもかかわらず、われわれは自己の体験をひとつの理論像に総合化できない」(シュクラール『ユートピア以後』)のである。私たちの「価値」的倫理的生活をほとんどまるごと左右しかねまじいものが「国家」である。――このような「科学」と「国家」とを統一できる世界観ないし「宗教」はどのようなものなのか。この終章の前二節で、ともに、宗教がになうべき「超越性」が要請されたのであった。自然を超え国家を超えることが、宗教の本質的な機能でなければならないと考えられるのである。そしてその宗教は、古い伝統の無条件的受容より個人の経験を重んじる「実験的宗教」、「変化を合法化する実験的宗教」(ボールディング『二〇世紀の意味』)でなければならないだろう。

今日が大転換の時代であることはたしかである。しかし科学と国家という近代の二大原理は、今日も変わっているわけではない。むしろますますその力を増すことによって、さまざまな大転換をそれらの原理こそが実現しているといえる。技術の変化は社会制度の変化を生みだし、制度の変化は技術の変化を生んでいるのである。ところで、もう少し近目で現代の日本社会で起こりつつあることを見よう。

これまでにものべたように、工業生産における技術革新を中心とした産業化は村落共同体や「家」を解体してゆくということがある。もはやそれは完了したともいえるほどであろう。日本農村のいわゆる「園芸化と通勤化」は全国的規模で展開され、「農村における生産・生活の技術的変化、物質文化の変化には、すでに日本文化・農耕文化のコンテクストではとらえられないものをふくんでいる」(米山俊直『日本のむらの百年』)のである。「家」の解体は日本の家族を核家族にして、そこでのささやかな私的欲望が社会の聖物化している。しかも、社会学者作田啓一氏の指摘だが、その小さくなり無力化した家族をだき込んだ企業体が、これまでの血縁、地縁に代わる職縁の新しい共同体を形成し始めている。とくに巨大な企業体は社宅や厚生施設をつくり、PR紙を家族に配布したりして、家族ぐるみの成員のエネルギーをまるごと企業体に吸収しつつある。そこには、以前の古い共同体の場合と同様に、その共同体そのものを批判する視点、それを超越した個人意識は育ちえない。したがって、その共同体が内外の特定の政治勢力によって利用されている場合にも、その共同体を真の共同体と幻想し自足しがちになる。農村と都市を通じ、いわゆる大衆社会状況の中でかえって一種の封鎖社会が再形成されつつある。しかもその外の世界は、いまだかつてない国家主義の時代である。そして、どの普遍宗教もいまだ現実的全体的に国家を超えてはいない。それを行なうのは個人の「実験的宗教」であるほかはないように見えるのである。

焼身抗議と政治亡命

個人が国家と絶対的に対立するとき、どのような振舞いができるか。昭和四二年一一月一一日夕方に、佐藤首相の訪米、ベトナム戦争の北爆支持に抗議して七三歳の老人由比忠之進氏が焼身自殺した。焼身と抗議との結合はパラドックスをふくむ行為である。抗議は相対的・政治的な行為、焼身は絶対的・宗教的な行為である。前者はいわば此岸的、後者は彼岸的なものである。この両者のパラドクシカルな結合こそ、その行為の悲劇性、そして実験宗教性を刻印づける。焼身はもともと政治行為であるよりも、宗教的行為、『法華経』の中にあるように仏への供養である。それは「王法」の世界での焼身「抗議」であるよりも、あくまでも「仏法」の世界での焼身「供養」であった。昭和三八年六月、南ベトナムのユエで焼身したティック・クアン・ドク師の遺書を見ても、それは政治的抗議であるよりも宗教的信仰の表白という面が強いのである。「私は発願いたしました。自分の幻身を焼いて仏さまにささげ、その功徳によって、私どもの仏教が永く存続できますように……、ベトナム全国の平和と、国民の安楽が実現されますように、……南無阿弥陀仏」――仏法の世界の焼身供養が王法の世界の焼身抗議となりうるか否か、それが有効な政治的効果をうむか否かは、王法の世界そのものがそれをまともに受取るかどうかにかかっている。もしそう受取られなかったとしても、仏教の論理においては致しかたないことである。その政治的無効にたいするには、仏教徒は次々に焼身自殺を繰返すほかはないであろう。『法華経』を信仰するならば、焼身による供養の本望は果たされたはずだからである。この焼身抗議には、今日の国家状態の極限状況における国家と宗教との葛藤的性格が露呈されているといえるだろう。

すでに、ギリシアの昔にソクラテスの悲劇があった。彼はアテナイの政治と法を内在的に批判しつつ、その政治と法に服して刑死した。みずからの裁判を機会に、みずからの「弁明」の中で法の吟味を行なった。彼の批判は外的、超越的な批判ではなかった。このソクラテスに典型的にみられる倫理的葛藤をまぬかれる道は、いわゆる逃亡奴隷となって体制にもっぱら順応するか、政治的亡命をするかである。ベトナム戦争において、かのイントレピッド・フォアのほか幾人もが亡命の道をとった。しかし政治はいまだかって国家を超えたことはなく、一つの国家主権の全体的な否定は、もう一つの国家主権のもとにはいることによってしか可能ではない。特殊的な主権国家への分裂と対立が究極の政治悪とすれば、政治悪は政治悪によって見せかけの克服が与えられるだけである。しかも亡命はどこまでも政治的亡命であって、倫理的亡命などということはありえない。もし地球国家を仮想するなら、そこには政治的亡命もありえないのである。人間の倫理が普遍の見地を目指すならば、少なくとも地球国家における自己の処生で問題を考えなければならない。そして倫理的普遍は特殊的国家をまるく包む、世界市民的な見地で幻想できるものではなく、その国家を内から突き破る「嚢《のう》中の錐《きり》」的普遍であるほかない。そして亡命もここで宗教的普遍につらなるはずである。ベトナム戦争を全体的に拒否して政治的亡命を決意した瞬間においては、それはきわめて倫理的な行為を行なったのではあるが、ひとたび国外へ出た瞬間に、その人は倫理的存在、社会にコミットした人間、である資格を決定的に失ってしまうのである。

ソクラテスの問題は今日もいまだ解かれたわけではない。亡命よりも、焼身抗議のもつパラドックスこそ、今日の国家の中に住む個人の限界状況における宗教性をより端的に示すものであろう。

宗教の機能と教団の問題

宗教は本質的に普遍宗教でなければならない。原則的には国家や民族を超え政治を批判できるものでなければならない。その意味で宗教は、政治的にはユートピア的ないしアナーキズム的傾向を持つはずである。それであればこそ、「制度」としてできあがっている政治的社会的な規範を批判的に調べる価値基準をあたえることができるのである。

しかしここに教団の問題がある。教団じしんが一つの制度である。宗教の制度化は、どんな宗教においても三つの次元、知識のレベル（信条）、祭式のレベル（儀礼）、および組織のレベル（教団）で行なわれるものである。そして、新しい宗教集団が既成の政治社会秩序とどのような関係をつくるかには、三つの可能性がある。第一は、古いかたちの社会関係をその精神においても形式においても否定していくという、革命的な集団となることである。第二は、古いかたちの社会関係をそのまま承認し受け入れていく道である。第三に、既成の政治的支配関係ならびに社会的階層秩序はそのままに残しながら、それらの秩序に含まれる精神を否定し、宗教組織の内部では平等主義を推進する道がある。第三の道が初期キリスト教会によってとられた道であり、それによってキリスト教は広まることができた。パウロは「今はユダヤ人もギリシア人もなく、奴隷も主人もなく、男も女もなし、汝らは皆キリスト・イエスに在りて一体なり」（ガラテヤ人への書）と語ったにかかわらず、パウロは同時に、奴隷はその主人に服従すべきである（テトスへの書）と説いていたのである。キリスト教の歴史を全体としてみれば、この二つの傾向、ユートピア的傾向と保守的傾向が相互に対立したまま続いてきているといえる。

ただそればかりでなく、宗教は制度化すれば必然的に教団組織自体としても保守化せざるをえない面をもつのである。教祖の宗教と教団の宗教、たとえばイエスの宗教とキリスト教会の宗教、この両者は違うものであるとはよく指摘されることである。この宗教の教団化に、人間のおかれている状況にたいして全体的な定義を与えることによって人間を慰め成熟させ統合する宗教の肯定的機能が、逆に、知識の発展や社会状況の変化への順応を妨げるような否定的機能に転化しがちになる根拠がある。この宗教の否定的機能は、その宗教がはじめに行なった人間状況に関する定義にも影響をおよぼすという、いわばフィードバックの現象をうみ、宗教を堕落させる。

しかも宗教は教団をつくり制度化し組織化せざるをえない。ドストエフスキーが『カラマーゾフの兄弟』の有名な「大審問官」の章で象徴的に示したように、宗教教団が保守的逆機能化への危険を内在するものであることは、いわば宗教における必要悪として承認せざるをえないものである。ただ、そのフィードバックができるだけ負のフィードバックでなく、正のフィードバックでありうるように、教団内部の政治制度を可能なかぎり非権威主義的・民主的なものにすることが必要である。日本の宗教教団がこれまで政治的に果たしてきた機能は、全般的にいってけっして望ましいものではなかった。しかも、たとえば真宗教団がかつてはその信徒の中からいわゆる妙好人《みょうこうにん》のような宗教的人格をうみだしえたような例もある。教団が健全であるためには、結局、このような下の大衆ないし民衆の宗教的エネルギーをプラスにフィードバックさせうるか否かにかかっている、といえよう。

民俗の将来

いま日本の伝統的なさまざまの民俗は大きく変化しつつある。技術革新による工業生産の産業化、コミュニケーション手段の変化(マス・メディアの発展)、教育水準の高度化、交通の発達、人口の流動化、これらは生活様式の画一化を驚くべきスピードで進め、平準化された等質の国民を形成した。各地域社会のそれぞれ特有な生活意識、生活習慣が変化することは必然である。日本人の民俗の変化は、とりわけ宗教民俗においていちじるしい。それは変化というよりも崩壊というべきかもしれないのである。日本の伝統的な宗教民俗のほとんどが、村落共同体とくに農村と家とを地盤として成立していた以上、その地盤の解体とともに衰退し変質し、さらには消滅さざるをえないのも当然であろう。

日本の農村のいわゆる「園芸化と通勤化」は、いまや全国的規模で展開し、そこでの生産と生活の技術的変化、近代的な物質文化の滲透は、すでにそれを古い日本文化や農耕文化というコンテキストにはおさまりきれないものにしたのである。そこでたとえば日本各地の祭も、その神輿のかつぎ手にもこと欠くありさまになってしまっている。故郷の祭に都会から帰省してくる青年男女は、もはや祭のお客であってその主人ではない。たまたま観光客めあてにショウ化することに成功した場合でも、そこに集まる人びとはあくまで見物人であって、けっして祭をする人ではないのである。

宗教は人間が限界状況で直面するものであるとすれば、今日、日本の宗教民俗そのものが限界状況にあるといえるであろう。アルベール・カミュは小説『異邦人』のなかで、「否定的な宗教体験」について感動的な描写をしている。明日の死刑を宣告された一人の男が、人間に疎遠な宇宙に直面して心の平静さを見いだす状態が描かれているのだが、古い宗教民俗の崩壊に直面して、『異邦人』の男のように宗教的でない人びとは、そこに「もはや、なにもない」と考えるであろう。しかし、宗教的要求をもち続ける人びとは、そこに「なにかそれ以上のものがある」と感じるであろう。そこには、なにかたんなる崩壊以上のものがあるであろうか。

宗教は普遍宗教でなければならぬとすれば、いま日本の宗教は、かつて西欧のプロテスタンティズムがなしたような、そしてそれ以上の、一種の宗教改革を行なっているのである。こう積極的に評価してよいのではなかろうか。しかもこの現代日本の宗教改革は、文化と社会との大規模な世俗化という逆説的な道によって行なわれているのである。大衆社会状況の中で平準化した「孤独な群衆」は、やがて精神的な共同体を希求し待望するにいたる。すでにそのさまざまな形が、かつて見なかった多くの新興宗教の発生となって現われているともいえるが、今日の宗教はもはや特殊な民族宗教の段階にとどまることはできないであろう。

しかし、今日の日本の文化と社会の変化のはげしい動きのなかに、変化しにくいいわゆるカルチュア・コア、あるいは宗教生活の恒常的なパターンを認めることも可能であるかもしれない。たとえば、西欧の社会では、実生活から隔離された密室で神あるいは神の代理者である神父と向かいあうことで、生活のエネルギーを回復したが、日本の社会では、集団社会生活（俗生活）と個人生活（聖生活）との間で隔離の線を引くよりも、むしろ集団生活そのものを二分して、祭の生活（聖生活）と仕事の生活（俗生活）とに区分することでエネルギーを回復してきた。いわゆるハレとケの交替という生活のパターンは、日本民族にとって将来ともに変化しにくいように思われる。また、たとい「家」が解体して核家族化しても、日本人の祖先崇拝はその宗教意識のコアとしてそれなりに機能し続けるかもしれない。本書はまさに、そのような日本文化のコアやパターンの手がかりを、フォークの伝統的な宗教習俗のなかで摸索するささやかな試みであった。その意味でこれは「宗教以前」の作業だったのである。

解説　繊細の精神

阿満利麿

本書は「まえがき」にあるように、NHK教育テレビ「宗教の時間」で放送された「民俗（習俗）から見た日本人の宗教意識」というシリーズ番組をもとにつくられた。今から四三年ほど以前のことになる。そのときの企画と番組制作を担当した縁で、この解説を書くことになった。

＊

高取正男はいう、「民俗学と歴史学は、ともに過去を振り返るという点で、たがいによく似た学問である。巨視的には、両者は相互補完の関係にあるといってよい。だが、（中略）両者の関係は、口でいうほど簡単でない」（「日本史研究と民俗学」『岩波講座　日本歴史』別巻二）と。

なぜ、「口でいうほど簡単でない」のか。それは、民俗学と歴史学の研究対象が異なるからだ。つまり、民俗学は「私たち日本人が日常無意識のうちに行っている生活習俗や、それと密着している各種の伝承など」を対象とするのに対して、歴史学では、すでに時間的系列のなかに位置づけられた「文献」が対象である。したがって、両者は「ともに過去を振り返る」という点では同じであっても、民俗学はあくまでも現在の民俗から出発するし、歴史学は過去の文献から出発する。

　それでは、両者はどこで交わるのか。高取によれば、それは、研究者自身の「ものの考え方」や「発想の次元」においてである。つまり、民俗は日常生活を規定している「磁場」（『民俗のこころ』）なのであって、日本史研究者もその磁場のなかにいる。多くの場合、研究者はその磁場を意識しない。しかし、もし研究者が自ら暮らしている「磁場」をできるだけ深く自覚することにつとめるならば、過去の文献解読もまた豊かになるにちがいない。そうしてはじめて、現代に役立つ鑑としての歴史が生まれるというのだ。「磁場」の自覚とは、高取の言葉でいうと、「内省」だ。「内省」とは、今ある自己のあり方を振り返ることである。たとえば、一昔前の日本人は、勤め先から帰宅すると、洋服から着物に着替えたものだった。多くの場合、それは習慣だというだけで、その意味を問うことは少なかった。だが、少し気をつけてみると、洋服の時代になれば前代の着物が完全に捨てられるというのではなく、長く混用されていたことが分かる。暮らしの変化とはそういうものなのだ。年号や古代、中世、近世、近代という時代の区切りで暮らしが一変することはありえない。年号や時代区分は暮らしの変化を考える手がかりにしか過ぎない。

そのことに気づくのが「内省」なのだ。だから、「内省」が重んじられるならば、研究者の「史眼と力量」が磨かれる、と高取は力説する。それが民俗学の効用なのである。

民俗採訪はその「内省」を深めるための有効な手段だ。昔からの生活習俗や心意伝承は、人によって受け止め方は千差万別である。とりわけ研究者を志す人ほど、そうした習俗や伝承に否定的で消極的な評価を下しがちである。しかし、田舎の老人たちを訪ねてその暮らしを聞くと、自分のなかでは否定的な意味しかもたなくなった習俗や伝承が、老人たちの間では生き生きとはたらいている場合が少なくないことに気づく。大事なことは、老人たちとの対話を通じて、自分のなかでは無意識へ追いやっている民俗や伝承、つまりは暮らしの「磁場」を再発見し、発掘することなのだ。民俗採訪とは、老人や生活環境の異なる人を訪ねることによって、自分を再発見する行為なのである。

このような「内省」を積み重ねることによって、暮らしの「磁場」が共有できるようになる。なぜそれが大事かといえば、そうすることによって過去の文献も「磁場」の伝統のなかで読み解くことができるようになるからだ。それが文献史料の行間を読むという意味であろう。

しかし、この作業はまことにむつかしい。とくに高取が日本史研究を始めたころは、戦後の唯物史観による歴史研究が全盛であって、年号や固有名詞を無視する民俗学は「反動の学問」と考えられ、高取自身も仲間から孤立しがちであった。冒頭の「口でいうほど簡単でない」は、高取の長年にわたる実感を示す感慨そのものでもあったのだ。だが、今となれば、この困難な作業を見事にやってのけたのが高取の生涯であったといえる。その成果の第一歩が本書であろう。民俗事象をわが事として描写する、きめ細かさ、感情移入のたしかさは、その文章にもはっきりとあらわれている。高取の手にかかると、些細な習俗はいつのまにか人生観や世界観という、暮らしの大枠につながっているのである。橋本峰雄は、高取の死後、その功績を称える一文のなかで、高取正男は、パスカルのいう「繊細（尖鋭）の精神」（「刊行の言葉」『高取正男著作集』1）の持ち主であった、と称讃したが、まことにそのとおりであろう。

高取は日本史研究者の間で孤立を実感しているとき、哲学者であり浄土宗の僧侶である橋本峰雄に出遇ったのだ。橋本は、西洋哲学研究者として、思想の普遍性を問う、という一面もさることながら、きわめて好奇心が旺盛で、民俗にも強い関心があった。というのも、僧侶として、仏教が知識人の学問仏教と、庶民の素朴な習俗仏教との間に分裂していることに不審をもっていたからである。庶民にとっては、仏教はむつかしい学問ではなく、まさしく習俗である。習俗仏教の解明なしには仏教の全体像はつかめない。

高取は、このような問題意識をもつ橋本に得難い同志のすがたを見いだし、また、橋本は高取の豊かな民俗事象の解説に驚き、「繊細の精神」を発見して、互いにその出遇いを喜んだ。

もっとも、はじめのころは、橋本も高取の民俗採訪に少々、とまどった節もある。たとえば、本書四二〜三頁にある「産屋」の現地調査をしたときであった。私たち三人は、街道沿いの電気屋に入って話を聞いたが、収穫はなく、御礼を言って出た。ところが、橋本はひとりですぐひきかえして、電気屋で電池を買って出てきた。どうしたのですか、電池が必要なのですか、と訊くと、橋本は、向こうも商売だし、気の毒ではないか、と答えた。私はディレクターとしてしまった、と思い、気がつかずにすみませんでした、と謝ると、橋本はそれにはこたえず、「こういう調査はどういう風に役に立つんかなあ?」とつぶやいた。丁度その直前、「大原明神示現の跡という岩」(本書七三頁)を見学していた。「産屋」といい、たんに窪みがたくさんある岩としかみえないものを見せられただけであったから、こうした民俗遺産にどのような脈絡があるのか、読みとることはむつかしかったのだ(余談だが、このとき、わざわざ電池を買った橋本の優しさに、感動したことを今でも思い出す。その優しさは晩年になるほどはげしくなるが、宗教家・橋本の本領にほかならなかった)。

二人は、本書では、高取が暮らしのなかの特殊な習俗とその変遷を、橋本はその今日的解釈と普遍的意義を、という役割分担をしている。しかし、実際は二人とも、特殊と普遍をめぐって自由な討論をくり返していた。二人には、現代における日本の宗教がいかにあるべきか、という共通の問題意識が沸々とたぎっていて、それが議論を沸き立たせ、また共同執筆を成功させたのである。

とくに橋本には、宗教は普遍宗教でなければならないという固い信念があった。本書でその信念が発揮されているのは、「家と祖先」の「柳田民俗学と祖先崇拝」であろう。そこでは柳田国男の霊魂観や神観念が論じられているが、橋本はその普遍志向から、柳田の狭隘な「神道主義」をめずらしく激しく批判している。詳しくは本書を見てほしいが、私は、橋本の柳田国男批判を読むたびに、「柳田のような「不心得者」がいるのは、仏教者としてはまことに力不足であった」と、冗談とも本気ともつかない言葉を口癖のように発していたことを思い起こす。

橋本が柳田を「不心得者」よばわりするのは、たんなる宗派根性からではない。そうではなく、日本人が普遍的宗教を今にいたるまで手にすることができていない、という歴史をふりかえった上での感慨なのである。それが、本書で論じられている「日本的カトリシズムの流産」というテーマにもつながる。

「日本的カトリシズムの流産」は、高取と橋本が一番あつくなって論じた問題であった。そのはじまりは、高取が最澄の大乗戒壇設立の問題点を指摘したことにあった。最澄は奈良仏教とは異なり、国家とは独立した教団を目指した。しかし、現実は、国家（朝廷）が中国の制度から学んだ「俗別当」という職を設けて、最澄の天台宗を制度的に掣肘するにいたった。詳しくは本文に譲るが、なぜ日本仏教が国家から独立できないのか、世俗国家の疑似宗教性の強さなど、日本における宗教と国家の課題が大局的に論じられている。

また、終章の「国家・科学・宗教」には、橋本の普遍志向が全開している。この章の全文は橋本の手によるが、これからの宗教がいかに国家と科学から自立した普遍宗教でなくてはならないのか、が繰りかえし力説されている。この章は、今あらためて読み直してみると、橋本の遺言であったとも思われるほどに力が入っている。

それにしても、二人の交流は、その後実に豊かな成果を生んだ。橋本はその思考を、哲学(思想)から現実の習俗へ拡大して、暮らしのなかの仏教習俗を素材にした『くらしのなかの仏教』や、日本人が「あの世」と「この世」を連続して意識していることをヒントに、日本人の人生観を「存在の連続性」という視点から論じた『「うき世」の思想』、さらには豊富な民俗事象を例に考察した『性の神』といった名著を世に送った。また、桑原武夫、多田道太郎らと「現代風俗研究会」を立ち上げ、雑誌「現代風俗」を刊行した。

一方、高取は、民俗から思想(世界観)への道筋をたどり、『仏教土着』や『日本的思考の原型』、『民俗のこころ』等を矢継ぎ早に刊行し、最後は『神道の成立』という名著を世に送った。また、国立民族博物館との兼任教授となり、文献史料の民俗学的読解という、文献史料と民俗伝承との融合による新しい文化史の方法をつくる作業に取り組んでいた。

しかし、なんという運命なのか。二人はあまりに早く逝ってしまった。高取正男は本書の初版刊行から一三年後、五四歳で、またその三年後、橋本峰雄は五九歳で、それぞれ浄土に還った。二人を師と仰いでその後の人生を歩んできた私には、今もってまことに辛い出来事であった。

ところで、本書が世に出た一九六〇年代後半は、「高度経済成長」政策によって、日本の習俗は大きな変動を経験しつつあった。それは、本書がいうとおり、「変化というよりも崩壊」(「民俗の将来」)というべきものであったろう。それからさらに半世紀近く、二〇一〇年の日本の習俗は「限界状況」を過ぎて、ほとんど壊滅状態にある。そのなかで、本書を再刊する意義はどこにあるのか。一言つけ加えておきたい。

それは、精神生活の全面にわたって危機にあるかのように見える今だが、私たちは、伝統とまったく隔絶して暮らせない以上、過去を問う、という作業をどうしても必要とせざるをえないからだと言えるだろう。著者たちもすでにのべている。「(私たちは自分の死生観について)よい分別もつかぬとすれば、古い習俗を吟味しなおすほかはない」(「ヨーロッパの霊魂観」)、と。

もちろん、本書がいわんとしていることは、過去を無批判に賛美して、過去に淫することや、過去の習俗に単純に復帰することを意味しない。過去の習俗とはまったく無関係に見える私たちの暮らしだが、そのなかには私たちがわざと無意識の世界においやっている感情や智慧もある。橋本の言葉でいえば、今こそ高取が試みた「繊細の精神」を発動して、そうした感情・智慧を発見することが大事な作業ではないか。

たとえば、私が見るところ、「満場一致」というコンセンサスの作り方もその一つだろう。現代の私たちは、「民主主義」とは「多数決」を原則とする、と思いこんでいる。だが、多数決では、かならず少数者が不本意な思いをもち続けるものだ。この点、近代以前の日本では、「満場一致」が重んじられてきた。その有名な例が、宮本常一の『忘れられた日本人』のなかにある。くわしくはそれを見てほしいが、私が言いたいのは、実は「満場一致」というコンセンサスづくりは、仏教が日本人に教えたものだということである。これ以上は別の機会にゆずるが、「人権」という言葉は生み出さなかったものの、人はすべて「凡夫」だ、という平等観を大事に生きてきたのが、一昔前の日本人であった。その結果の一つが「満場一致」となっているのだ。

こうした行動様式を再発見することもふくめて、今の私たちの暮らし方を、宗教というレベルから見直すために本書の価値はますます高まっているのではないだろうか。

なお、本書の写真について。大部分は高取正男の撮影である。高取の写真は、どれも、構図がしっかりしていて、主張が読みとれる。本書の写真は今となれば得難い民俗資料といえよう。

＊

最後にこの本のために一言。この本が出版されてまもなく、橋本から電話があった。その内容は、毎日出版文化賞の対象となっているが受けるか、ということだった。しかし、私は、共著で受賞されるよりは、いずれお二人がお書きになるであろう単著で受賞してください、と受賞に賛成しなかったのである。今から思えば、なんという短慮であったことか。橋本は、自分たちのことはさておき、私のために賞をもらってやろうという親切心から電話をくださったのである。

賞は貰わなかった。しかし、ＮＨＫブックスとして何十刷りも版を重ねた。そして、こうして、新たに再刊されるのである。今後も名著であり続けるであろう。

儀礼の過程　ヴィクター・W・ターナー　冨倉光雄訳

社会集団内で宗教儀礼が果たす意味と機能を明らかにし、コムニタスという概念で歴史・社会・文化の諸現象の理解を試みた人類学の名著。（福島真人）

日本の神話　筑紫申真

八百万の神はもとは一つだった⁉　天皇家統治のために創り上げられた記紀神話を、元の地方神話に解体すると、本当の神の姿が見えてくる。（金沢英之）

河童の日本史　中村禎里

ぬめり、水かき、悪戯にキュウリ。異色の生物学者が、時代ごと地域ごとの民間伝承や古典文献を精査。〈実証分析的〉妖怪学。（小松和彦）

ヴードゥーの神々　ゾラ・ニール・ハーストン　常田景子訳

20世紀前半、黒人女性学者がカリブ海宗教研究の旅に出る。秘儀、愛の女神、ゾンビ――学術調査と口承文学を往還する異色の民族誌。（今福龍太）

初版 金枝篇（上）　J・G・フレイザー　吉川信訳

人類の多様な宗教的想像力が生み出した多様な事例を収集し、その普遍的説明を試みた社会人類学最大の古典。膨大な註を含む初版の本邦初訳。

初版 金枝篇（下）　J・G・フレイザー　吉川信訳

なぜ祭司は前任者を殺さねばならないのか？　そして、殺す前になぜ〈黄金の枝〉を折り取るのか？　事例の博捜の末、探索行は謎の核心に迫る。

火の起原の神話　J・G・フレイザー　青江舜二郎訳

人類はいかにして火を手に入れたのか。世界各地より夥しい神話や伝説を渉猟し、文明初期の人類の精神世界を探った名著。（前田耕作）

未開社会における性と抑圧　B・マリノフスキー　阿部年晴／真崎義博訳

人類における性は、内なる自然と文化的力との相互作用のドラマである。この人間存在の深淵に到るテーマを比較文化的視点から問い直した古典的名著。

ケガレの民俗誌　宮田登

被差別部落、性差別、非常民の世界など、日本民俗の深層に根づいている不浄なる観念と差別の問題を考察した先駆的名著。（赤坂憲雄）

米・百姓・天皇　網野善彦／石井進

日本とはどんな国なのか、なぜ米が日本史を解く鍵なのか、通史を書く意味は何なのか。これまでの日本史理解に根本的転回を迫る衝撃の書。（伊藤正敏）

列島の歴史を語る　網野善彦　藤沢・網野さんを囲む会編

日本は決して「一つ」ではなかった！　中世史に新次元を開いた著者が、日本の地理的・歴史的な多様性と豊かさを平明に語った講演録。（五味文彦）

列島文化再考　網野善彦／塚本学／坪井洋文／宮田登

近代国家の枠組みに縛られた歴史観をくつがえし、列島に生きた人々の真の姿を描き出す、歴史学・民俗学の幸福なコラボレーション。（新谷尚紀）

日本社会再考　網野善彦

歴史の虚像の数々を根底から覆してきた網野史学。漁業から交易まで多彩な活躍を繰り広げた海民に光をあて、知られざる日本像を鮮烈に甦らせた名著。

図説　和菓子の歴史　青木直己

饅頭、羊羹、金平糖にカステラ、その時々の外国文化の影響を受けながら多種多様に発展した和菓子。その歴史を多数の図版とともに平易に解説。

今昔東海道独案内　東篇　今井金吾

いにしえから庶民が辿ってきた幹線道路・東海道。日本人の歴史を、著者が自分の足で辿りなおした名著。東篇は日本橋より浜松まで。（今尾恵介）

物語による日本の歴史　石母田正／武者小路穣

古事記から平家物語まで代表的古典文学を通して、国生みからはじまる日本の歴史を子ども向けにやさしく語り直す。網野善彦編集の名著。（中沢新一）

増補　学校と工場　猪木武徳

経済発展に必要とされる知識と技能は、どこで、どのように修得されたのか。学校、会社、軍隊など、人的資源の形成と配分のシステムを探る日本近代史。

居酒屋の誕生　飯野亮一

寛延年間の江戸に誕生しすぐに大発展を遂げた居酒屋。しかしなぜ他の都市ではなく江戸だったのか。一次資料を丹念にひもとき、その誕生の謎にせまる。

すし 天ぷら 蕎麦 うなぎ　飯野亮一

二八蕎麦の二八とは？　握りずしの元祖は？　なぜうなぎに山椒？　膨大な一次史料を渉猟しそんな疑問を徹底解明。これを読まずに食文化は語れない！

天丼 かつ丼 牛丼 うな丼 親子丼　飯野亮一

身分制の廃止で作ることが可能になった親子丼、関東大震災が広めた牛丼等々、どんぶり物二百年の歴史をさかのぼり、驚きの誕生ドラマをひもとく！

増補 アジア主義を問いなおす　井上寿一

侵略を正当化するレトリックか、それとも真の共存共栄をめざした理想か。アジア主義を外交史的観点から再考し、その今日的意義を問う。増補決定版。

十五年戦争小史　江口圭一

満州事変、日中戦争、アジア太平洋戦争を一連の「十五年戦争」と捉え、戦争拡大に向かう曲折にみちた過程を克明に描いた画期的通史。（加藤陽子）

たべもの起源事典 日本編　岡田哲

駅蕎麦・豚カツにやや珍しい郷土料理、レトルト食品・デパート食堂まで。広義の〈和〉のたべものと食文化事象一三〇〇項目収録。小腹のすく事典！

ラーメンの誕生　岡田哲

中国のめんは、いかにして「中華風の和食めん料理」へと発達を遂げたか。外来文化を吸収する日本人の情熱と知恵。丼の中の壮大なドラマに迫る。

山岡鉄舟先生正伝　小倉鉄樹／石津寛／牛山栄治

鉄舟から直接聞いたこと、同時代人として見聞きしたことを弟子がまとめた正伝。江戸無血開城の舞台裏など、リアルな幕末史が描かれる。（岩下哲典）

戦国乱世を生きる力　神田千里

土一揆から宗教、天下人の在り方まで、この時代の現象はすべて民衆の姿と切り離せない。「乱世の真の主役としての民衆」に焦点をあてた戦国時代史。

士（サムライ）の思想　笠谷和比古

中世に発する武家社会の展開とともに形成された日本型組織。「家（イエ）」を核にした組織特性と派生する諸問題について、日本近世史家が鋭く迫る。

道元禅師の『典座教訓』を読む　秋月龍珉

「食」における禅の心とはなにか。道元が禅寺の食事係である典座の心構えを説いた一書を現代人の日常の視点で読み解き、禅の核心に迫る。（竹村牧男）

原典訳 アヴェスター　伊藤義教訳

ゾロアスター教の聖典『アヴェスター』から最重要部分を精選。原典から訳出した唯一の邦訳である。比較思想に欠かせない必携書。（前田耕作）

書き換えられた聖書　バート・D・アーマン　松田和也訳

キリスト教の正典、新約聖書。聖書研究の大家がそこに含まれる数々の改竄・誤謬を指摘し、書き換えられた背景とその原初の姿に迫る。（筒井賢治）

カトリックの信仰　岩下壮一

神の知恵への人間の参与とは何か。近代日本カトリシズムの指導者・岩下壮一が公教要理を詳説し、キリスト教の精髄を明かした名著。（稲垣良典）

十牛図　上田閑照　柳田聖山

禅の古典「十牛図」を手引きに、自己と他、自然と人間、自身への関わりを通し、真の自己への道を探る。現代語訳と詳注を併録。（西村惠信）

原典訳 ウパニシャッド　岩本裕編訳

インド思想の根幹であり後の思想の源ともなったウパニシャッド。本書では主要篇を抜粋、梵我一如、輪廻・業・解脱の思想を浮き彫りにする。（立川武蔵）

世界宗教史（全8巻）　ミルチア・エリアーデ

宗教現象の史的展開を膨大な資料を博捜し著された人類の壮大な精神史。エリアーデの遺志にそって共同執筆された諸地域の宗教の巻を含む。

世界宗教史 1　ミルチア・エリアーデ　中村恭子訳

人類の原初の宗教的営みに始まり、メソポタミア、古代エジプト、インダス川流域、ヒッタイト、地中海地域、初期イスラエルの諸宗教を収める。

世界宗教史 2　ミルチア・エリアーデ　松村一男訳

20世紀最大の宗教学者のライフワーク。本巻はヴェーダの宗教、ゼウスとオリュンポスの神々、ディオニュソス信仰等を収める。（荒木美智雄）

世界宗教史3　ミルチア・エリアーデ　島田裕巳訳

仰韶、竜山文化から孔子、老子までの古代中国の宗教と、バラモン、ヒンドゥー、仏陀とその時代、オルフェウスの神話、ヘレニズム文化などを考察。

世界宗教史4　ミルチア・エリアーデ　柴田史子訳

ナーガールジュナまでの仏教の歴史とジャイナ教から、ヒンドゥー教の総合、ユダヤ教の試練、キリスト教の誕生などを収録。（島田裕巳）

世界宗教史5　ミルチア・エリアーデ　鶴岡賀雄訳

古代ユーラシア大陸の宗教、八―九世紀までのキリスト教、ムハンマドとイスラーム、イスラームと神秘主義、ハシディズムまでのユダヤ教など。

世界宗教史6　ミルチア・エリアーデ　鶴岡賀雄訳

中世後期から宗教改革前夜までのヨーロッパの宗教運動、宗教改革前後における宗教、魔術、ヘルメス主義の伝統、チベットの諸宗教を収録。

世界宗教史7　ミルチア・エリアーデ　奥山倫明／木塚隆志／深澤英隆訳

エリアーデ没後、同僚や弟子たちによって完成された最終巻の前半部。メソアメリカ、インドネシア、オセアニア、オーストラリアなどの宗教。

世界宗教史8　ミルチア・エリアーデ　奥山倫明／木塚隆志／深澤英隆訳

西・中央アフリカ、南・北アメリカの宗教、日本の神道と民俗宗教。啓蒙期以降ヨーロッパの宗教的創造性と世俗化などを収録。全8巻完結。

回教概論　大川周明

最高水準の知性を持つと言われたアジア主義者の力作。イスラム教の成立経緯や、経典などの要旨が的確に記された第一級の概論。（中村廣治郎）

神社の古代史　岡田精司

古代日本ではどのような神々が祀られていたのか。《祭祀の原像》を求めて、伊勢、宗像、住吉、鹿島など主要な神社の成り立ちや特徴を解説する。

中国禅宗史　小川隆

唐代から宋代において、禅の思想は大きく展開した。各種禅語録を思想史的な文脈に即して読みなおす試み。《禅の語録》全二〇巻の「総説」を文庫化。

ちくま学芸文庫

宗教以前《しゅうきょういぜん》

二〇一〇年七月　十　日　第一刷発行
二〇二一年十月二十五日　第二刷発行

著　者　高取正男（たかとり・まさお）
　　　　橋本峰雄（はしもと・みねお）

発行者　喜入冬子
発行所　株式会社　筑摩書房
東京都台東区蔵前二—五—三　〒一一一—八七五五
電話番号　〇三—五六八七—二六〇一（代表）
装幀者　安野光雅
印刷所　株式会社精興社
製本所　株式会社積信堂

ISBN978-4-480-09301-1 C0139